Svetlana Jacmeniova-Ottweiler

Fashion-Retailing in der Luxusgüterbranche

Die Attraktivität des russischen Luxusmarktes

Diplomica Verlag GmbH

Jacmeniova-Ottweiler, Svetlana: Fashion-Retailing in der Luxusgüterbranche: Die Attraktivität des russischen Luxusmarktes. Hamburg, Diplomica Verlag GmbH 2013

Buch-ISBN: 978-3-8428-8478-6
PDF-eBook-ISBN: 978-3-8428-3478-1
Druck/Herstellung: Diplomica® Verlag GmbH, Hamburg, 2013

Bibliografische Information der Deutschen Nationalbibliothek:
Die Deutsche Nationalbibliothek verzeichnet diese Publikation in der Deutschen Nationalbibliografie; detaillierte bibliografische Daten sind im Internet über http://dnb.d-nb.de abrufbar.

Das Werk einschließlich aller seiner Teile ist urheberrechtlich geschützt. Jede Verwertung außerhalb der Grenzen des Urheberrechtsgesetzes ist ohne Zustimmung des Verlages unzulässig und strafbar. Dies gilt insbesondere für Vervielfältigungen, Übersetzungen, Mikroverfilmungen und die Einspeicherung und Bearbeitung in elektronischen Systemen.

Die Wiedergabe von Gebrauchsnamen, Handelsnamen, Warenbezeichnungen usw. in diesem Werk berechtigt auch ohne besondere Kennzeichnung nicht zu der Annahme, dass solche Namen im Sinne der Warenzeichen- und Markenschutz-Gesetzgebung als frei zu betrachten wären und daher von jedermann benutzt werden dürften.

Die Informationen in diesem Werk wurden mit Sorgfalt erarbeitet. Dennoch können Fehler nicht vollständig ausgeschlossen werden und die Diplomica Verlag GmbH, die Autoren oder Übersetzer übernehmen keine juristische Verantwortung oder irgendeine Haftung für evtl. verbliebene fehlerhafte Angaben und deren Folgen.

Alle Rechte vorbehalten

© Diplomica Verlag GmbH
Hermannstal 119k, 22119 Hamburg
http://www.diplomica-verlag.de, Hamburg 2013
Printed in Germany

I. **Abbildungsverzeichnis**:

Abbildung 1, Fashion-Premium-Luxury	13
Abbildung 2, Umsatz der Luxusgüterindustrie weltweit von 2002 bis 2011 (in Milliarden Euro)	28
Abbildung 3, Umsatz weltweit (in%); *Schätzung	29
Abbildung 4, Entwicklung des realen Bruttoinlandsproduktes in Russland, (in %)	33
Abbildung 5, Umsatzvolumen der Luxus-Fashion in Russland 2007-2010, Mio. Euro	37
Abbildung 6, Die Struktur des Luxus-Fashion- -Segmentes nach Produktgruppen (2008)	39
Abbildung 7, Anteil der Luxus-Fashion an dem	39
Abbildung 8, Ranking by Country (2010, B.EUR)	40
Abbildung 9, Regionale Verteilung des Luxus-Fashion-Konsums, in Russland (2008)	42
Abbildung 10, Einkommensverteilung	45
Abbildung 11, Mietpreisniveau, Handelsflächen, Moskau	59
Abbildung 12, Mietpreisniveau, Street Retail, Moskau (Gartenring)	59
Abbildung 13, Mono vs. Multi	62
Abbildung 14, Struktur der Ausgaben im Fashion-Segment, in Russland (in %)	64
Abbildung 15, BIG-Five, Russische Luxus-Retailer, %, 2008	67
Abbildung 16, Top-Monolabel-Retailer	71

II Tabellenverzeichnis

Tabelle 1,	Abgrenzung von Premium- und Luxusmarken nach angebotsorientierten Kriterien	16
Tabelle 2,	2011: Die wertvollsten Luxusfashionmarken der Welt	18
Tabelle 3,	Vergleich der Geschäftsprozesse von nicht-vertikalen und vertikalen Player	22
Tabelle 4,	Wirtschaftliche Entwicklung in Brasilien, Russland, Indien, China (BRIC) und Deutschland, 2009-2011	31
Tabelle 5,	Präsenz der Luxus-Fashion- Retailer in Föderalen Bezirken der RF	41
Tabelle 6,	Vermögensverteilung der Elite-Schicht (2008)	46
Tabelle 7,	Retail – Ranking	55
Tabelle 8,	Bestand und Entwicklung der Einkaufszentren in Russland (4. Q. 2010)	62
Tabelle 9,	Outlet-Stores-Projekte	64

Inhaltsverzeichnis

1. Einleitung **5**

2. Fashion **7**
    2.1   Was ist Fashion? 7
    2.2   Drei Kategorien der Fashion-Branche 8

3. Luxus und Luxusmarke **11**
    3.1   Begriff des Luxus... 11
    3.2   Luxusmarke.. 12
            3.2.1   Merkmale der Luxusmarke 13
            3.2.2   Abgrenzung der Luxus- und Premium-Marke 14
            3.2.3   Die hochwertigsten internationalen Luxus-Fashion-Marken 17
            3.2.4   Die russischen Luxus-Fashion-Marken.. 18

4. Retail-Struktur im Segment der Luxus-Fashion **20**
    4.1   Die vertikale Wertschöpfungskette in der Fashion-Branche 20
    4.2   Die wichtigsten Vertriebskanäle im Luxus-Fashion-Segment 23
    4.3   Das moderne Multi-Channel-Retailing im Luxus-Segment 26

5. Luxusgütermarkt **28**
    5.1   Die Entwicklung der Luxusgüterbranche nach der Krise 28
    5.2   Die Bedeutung der BRIC-Länder für den Luxusgütermarkt 30

6. Russland als wichtiger strategischer Partner für das Segment der Luxus-Fashion **32**
    6.1   Russland aktuell... 32
    6.2   Entwicklungsphasen des Luxus-Segmentes in Russland......................... 34
    6.3   Marktvolumen des Luxus-Segmentes in Russland................................... 38
    6.4   Geographische Verteilung des Luxus-Segmentes in Russland................ 40
    6.5   Der russische Luxus-Konsument 43
            6.5.1   Gesellschaftsschichten 44
            6.5.2   Typologie und Motivation des russischen Luxus-Konsumenten 48
            6.5.3   Die Besonderheiten des Kaufverhaltens in Russland..................... 50

7. Fashion-Retailing im Luxus-Segment in Russland.. **54**
    7.1   Russlands Position im internationalen Retail 54
    7.2   Dynamik des Fashion-Retailing im Luxus-Segment 55
    7.3   Fashion-Retail-Kanäle im Luxus-Segment.. 57
    7.4   Modernes Multi-Channel-Retailing im Luxus-Segment 65
    7.5   Die wichtigsten Retail-Player im Luxussegment...................................... 66
            7.5.1   Die russischen Luxus-Retailer 66
            7.5.2   Die internationalen Luxusmarkenanbieter..................................... 69

8. Aktuelle Tendenzen im Luxus-Fashion-Segment in Russland 73
    8.1   Demokratisierung der Luxus-Fashion durch hybrides Selbstbild des Konsumenten 73
    8.2   Verstärkung der Vertikalisierung 74
    8.3   Verselbstständigung der internationalen Luxusmarkenanbieter 75

9. Schlussbetrachtung 77

Quellenverzeichnis 79

1. Einleitung

„Nach Jahrzehnten des Verfalls begann man Anfang der neunziger Jahre, Moskau wieder zu verschönern […]. Bestimmte Geschäfte wurden mit Hilfe ausländischer Partner modernisiert und bekamen ein neues Image. Obwohl sie höhere Preise verlangen, honorieren die Kunden inzwischen das breite Angebot importierter Waren in einer ansprechenden Umgebung, die andere Läden nicht zu bieten haben. […] . Das Benehmen in diesen Luxusläden hat sich immerhin geändert. Die Kundschaft hält sich jetzt die Tür auf, statt sie – wie in anderen Geschäften üblich – dem Nächsten ins Gesicht zu knallen. Beim Gang zur Ware entschuldigt man sich, statt mit Händen und Ellbogen nach vorne zu drängen, und lautstarke Streitereien mit der Bedienung, bei denen sonst gern jede Menge Schimpfworte fielen, gibt es fast nicht mehr."[1] - schrieb eine gute Russlands-Kennerin, die deutsch-amerikanische Schriftstellerin Lois Fisher-Ruge im Jahr 1995.

Im Moment können wir sagen, dass Russland einen eigenen Markt für Luxusgüter und Dienstleistungen gebildet hat. Die Einstellung der Konsumenten in Russland hat sich im Laufe der Zeit gewandelt. Die russischen Konsumenten haben ihren Geschmack im Laufe der Zeit demjenigen der westlichen Länder angeglichen. Da der russische Luxus-Konsument einen ziemlich hohen Entwicklungsstand erreicht hat, hat auch die weltweite Finanzkrise, nicht zu steilem Konsumrückgang geführt, sondern nur eine Verlangsamung der Entwicklung des Luxus-Segmentes verursacht. Seinerseits hatte das zur Folge, dass die Konsumkultur sich weiter entwickelt und dabei eine Verzögerung der Marktsättigung stattgefunden hat. Die Auswirkungen der globalen Finanzkrise spiegeln sich deutlich auch im Strukturwandel des Fashion-Retailing im Luxus-Segment wieder, der in den letzten Jahren in Russland stattfand.

Diese Arbeit soll einen Überblick über die Dynamik des russischen Luxus-Fashion-Marktes unter der Einbeziehung der daraus resultierenden Auswirkungen geben. Anhand der aktuellen Marktdaten werden die neusten Entwicklungen im Luxus-Fashion-Segment dargestellt. Bevor auf die einzelnen Fashion-Retail-Formate im Luxus-Segment und die wichtigsten Retail-Player auf dem russischen Markt eingegangen wird, erschien es der Verfasserin sinnvoll, im Vorfeld die Verhaltensbesonderheiten des russischen Luxus-Konsumenten zu

---

[1] Fisher-Ruge, L. (1995), S. 21-22

analysieren. Abschließend werden die aktuellen Tendenzen auf dem russischen Luxus-Fashion-Markt vorgestellt.

2. Fashion

„Der Mode entkommt man nicht. Denn auch wenn Mode aus der Mode kommt, ist das schon wieder Mode".
Karl Lagerfeld, dt. Modedesigner.

2.1 Was ist Fashion?

Es gibt Menschen, die dem Wort "Mode" eine abwertende Note zusprechen. In bestimmtem Sinne haben sie auch Recht, weil Mode einen Beigeschmack von Leichtsinn und Verrücktsein in sich trägt. Doch bedeutet jede Änderung im Kleiderschnitt einen klaren Ausdruck tiefer menschlicher Sehnsucht nach Veränderung. Mode ist eine „durch das menschliche Streben nach Abhebung und Anpassung bewirkte Änderung der Lebens- und Konsumgewohnheiten breiter Bevölkerungsschichten […], die nach einer gewissen Zeit durch eine erneute Veränderung aufgehoben wird"[2], so definiert Hermanns die Mode.

"Über das Konzept kann gesagt werden, dass jede Mode den Lebensstil ändert"[3]. Jede neue Mode etabliert neue Verhaltens-, Denk- und Gestaltmuster. Die Mode drückt den ganzen Lifestyle der Gesellschaft aus. So ist jeder gezwungen, sich darauf freiwillig mit ganzer Leidenschaft einzulassen oder passiv und gedankenlos der Mode zu folgen. „In der Mode sein, ist eine Sache des Geschmacks; der außer der Mode einem vorigen Gebrauch anhängt, heißt altväterisch; der gar einen Werth darin setzt, außer der Mode zu sein, ist ein Sonderling. Besser ist es aber doch immer, ein Narr in der Mode als ein Narr außer der Mode zu sein…".[4]

Seit der Renaissance ist die Mode eine der wichtigsten Phänomene der menschlichen Zivilisation geworden. Der Philosoph Gilles Lipovetsky sagt: „Mode ist eine Form des sozialen Wandels, die nicht von einem bestimmten Objekt abhängig ist. Es ist in erster Linie ein sozialer Mechanismus, der sich durch eine Kurzfristigkeit abzeichnet und mehr

---

[2] Hermanns, A. (1991), S.16
[3] Kant, I. (1983), §71, S. 246
[4] Kant, I. (1983), §71, S. 245

oder weniger an Variabilität und Einflüssen sehr verschiedener Lebenssphären der Gruppen von Menschen"[5] abhängig ist.

Der Ausdruck „Mode" wird umgangssprachlich häufig synonym mit „Kleidung" als Verkürzung des Begriffs „Kleidermode" verwendet.[6] Dabei hat sich der Anglizismus „Fashion" in der Modebranche fest etabliert. So wird die Verfasserin weiterhin innerhalb der vorliegenden Arbeit alternativ zum Begriff „Kleidermode" den Begriff „Fashion" verwenden.

Allgemein definiert, ist Fashion "a word of illusion and glamour on one hand and a complex, multi-billion dollar business on the other. Its success relies on the talent and vision of those working in the industry, both in design and in management. Because the way we look, the image we select, is so important to the human psyche, fashion plays an astonishingly large part in our culture; it is the motivation behind the multifaceted process of fashion design, manufacture and distribution."[7]

2.2 Drei Kategorien der Fashion-Branche

Das Herz der Modeindustrie ist das Design und die Herstellung modischer Bekleidung und Bekleidungszubehör. Man kann drei Hauptkategorien unterscheiden: Haute Couture, Prêt-à-porter („Ready-to-Wear" = RTW) und Bekleidung für den Massenmarkt. Die Kenntnis dieser drei unterschiedlichen Produktionskategorien ist für das Verständnis der Vertriebsketten und für die gesamte Modeindustrie insgesamt wichtig.

Als **Haute Couture** (fr. „gehobene Schneiderei") werden die aus luxuriösen Materialien in Handarbeit individuell maßgeschneiderten Mode-Kreationen renommierter Modefirmen im obersten Preissegment bezeichnet. Erfunden hat die Haute Couture ein Brite. Charles Frederick Worth (∗13. November 1826 in Bourne, Lincolnshire; † 10. März 1895 in Paris) fertigte Mitte des 19. Jahrhunderts als erster Modellkollektionen in Paris an, die er von seiner Frau vorführen ließ. Sein Sohn Gaston gründete 1868 die "Chambre Syndicale de la Couture Parisienne", deren Regeln auch heute gelten. Um zu den Modehäusern der hohen

---

[5] Lipovetsky, G. (1994),S.16
[6] Vgl. Djian, E. (2008)
[7] Dillon, S. (2012), S.6

Schneiderkunst in den Haute-Couture-Club aufgenommen zu werden, muss ein Haute Couture-Haus mindestens 15 Schneider beschäftigen und pro Saison eine Kollektion von wenigstens 35 maßgeschneiderten Modellen präsentieren. Worth kleidete unter anderem Kaiserin Eugénie, Königin Victoria, die Fürstin Pauline von Metternich und die Kaiserin Elisabeth von Österreich ein.Der Begriff Haute Couture ist in Frankreich geschützt.[8]

„Prêt-à-porter ist Kleidermode, die, wie die wörtliche Übersetzung aus dem Französischen sagt, „bereit zum Tragen" ist."[9] Unter dieser tragefertigen Bekleidung versteht man Kleidung, die nicht nur für Laufsteg und Models erschaffen wurde, sondern in Standardgrößen und im fertigen Zustand auf den Markt kommt. Sinngemäß bedeutet Prêt-à-porter etwa so viel wie Konfektion oder „von der Stange" – wobei der Begriff meist im Zusammenhang mit den Entwürfen und Schauen großer Modehäuser verwendet wird und somit keine abwertende Konnotation als Massenware trägt. Im Englischen wird auch der gleichbedeutende Begriff Ready-to-Wear (dt. 'bereit zum Tragen') verwendet. Einige Modehäuser bzw. Modeschöpfer kreieren Prêt-à-porter-Produktlinien, die industriell massengefertigt werden. Bei anderen sind diese Produkte immer noch sehr exklusiv und werden nur in limitierter Stückzahl und nur eine bestimmte Zeit lang produziert. Im Unterschied zur Haute Couture handelt es sich dabei jedoch nie um Einzelstücke, und auch nie um Stücke, die nur zur Erzeugung von Aufmerksamkeit auf Modenschauen entworfen werden. Oft werden die Kollektionen in gehobenen Modehäusern sogar noch in einem eigenen Atelier gefertigt. Auch werden viele von ihnen ausgestellt und auf Modeschauen präsentiert.[10]

Massenproduktion ist die billigste und am höchsten industrialisierte Stufe der Herstellung. Die Techniken der Massenproduktion wurden am Ende des 19. Jahrhunderts erfunden. Ihre rasche Entwicklung hat sie erst nach dem zweiten Weltkrieg erlebt. Inzwischen sind Designs der Massenproduktion durchaus ebenso gut, wie jene der Haute Couture, insbesondere wenn Gast-Designer der Haute Couture High-Street-Kollektionen für die Massenproduktion entwerfen, so wie es Karl Lagerfeld für H&M tat. Jedoch sind die Stoffe einfacher und billiger, und auch die Herstellungsmethoden werden so vereinfacht, dass diese Bekleidung zu Niedrigpreisen erhältlich wird. Modedesigner, die in diesem Massensegment arbeiten,

---

[8] Vgl. Djian, E. (2008); vgl. Höller, K. (2008); vgl. o.V.,http:// www.exclusive-life.de/Handwerk/Leder-Stoffe/Charles-Frederick-Worth.html
[9] o.V.: http://de.wikipedia.org/wiki/Pr%C3%AAt-%C3%A0-porter
[10] Vgl. Djian, E. (2008); vgl. Höller, K. (2008); vgl.Dillon, S. (2012), S.8 f.

orientieren sich an populären Trends und werden von den RTW-Kollektionen beeinflusst. Damit wird sichergestellt, dass die Bekleidung schnell verkauft wird, was auch als „Fast Fashion" bekannt ist. Fast Fashion wurde zum Schlüsselwort im Bekleidungshandel zwischen 1997 und 1998, einer Phase also, in der die High Street Mode verkam und von den Verbrauchern nicht mehr angenommen wurde. In diese Zeit fiel auch die vertikale Integration spanischer Handelsketten wie Mango und Zara, deren Antwort größere Flexibilität und schnellere Umsätze vom Design bis zum Produkt im Laden lautete. Diese Hersteller und andere, wie zum Beispiel Primark, produzieren heute Millionen von Bekleidungsartikeln in kürzester Zeit.[11]

---

[11] Vgl.Dillon, S. (2012), S.10

3. Luxus und Luxusmarke

Nach den neuesten Angaben (2011) wird der globale Markt von Luxusgütern auf ein Volumen zwischen 185 Milliarden und knapp einer Billion Euro geschätzt.[12] Die wirtschaftliche Bedeutung des Luxusgutes ist nicht zu übersehen. Da die Untersuchungsgegenstände dieser Arbeit ausschließlich Produkte des Luxusgütermarktes sind, werden nunmehr die Begriffe Luxus und Luxusmarke diskutiert. Anschließend wird eine klare Abgrenzung zwischen nahe beieinander liegenden Begriffen wie Premium- und Luxusmarke vorgestellt.

3.1 Begriff des Luxus

«Luxus ist nicht lebensnotwendig, verschönert aber das Leben. Wahrer Luxus ist immer auch Sinnbild von Ästhetik und Harmonie und drückt damit die Sehnsucht nach einer besseren Welt aus»[13], sagt Karl-Friedrich Scheufele, Co-Präsident von Chopard.

Es ist schwer, den Begriff „Luxus" exakt zu definieren. Auch in der Literatur wird er uneinheitlich verwendet. Der Begriff Luxus weist eine lange Geschichte auf und war immer wieder Thema umstrittener Diskussionen. Demgemäß finden sich viele verschiedene Definitionen von Luxus.[14]

Luxus ist ein zeitabhängiger Begriff. Die unterschiedlichen Interpretationen des Begriffs hängen von den entsprechenden Epochen, dem dazugehörigen politisch-ökonomischen Umfeld und dem jeweiligen moralisch-ethischen Wertvorstellungen der Gesellschaft und des Betrachters ab.[15]

Luxus ist ein relativer Begriff. Was für den einen Luxus bedeutet, ist für den anderen banal.[16]

---

[12] Vgl. Bain & Company-Studie, Luxury Goods Worldwide Market (2011)
vgl. Bellaiche, J.-M. / Mei-Pochtler, A. / Hanisch, D.: The New World of Luxury (2010)
[13] Roth, A. (2010)
[14] Vgl. Valtin, A. (2005), S. 19
[15] Vgl. Lasslop, I. (2005), S. 472
[16] Vgl. Büttner, M./ Huber, F./ Regier, S. / Vollhardt, K. (2008), S. 9

Luxus ist ein subjektiver Begriff. Die Auffassungen der Konsumenten von Luxus sind häufig komplex und mehrdeutig. Einerseits wird er mit Begehrlichkeit und Bewunderung assoziiert, auf der anderen Seite mit Maßlosigkeit und Verschwendung.[17]

Also, „Luxus ist [...] eine Sache des Kopfes. Den Wunsch, Edles, Seltenes und Außergewöhnliches zu besitzen und sich dadurch von seinen Mitmenschen zu differenzieren, gibt es seit Jahrtausenden und er hat primär nichts mit der Performance der Finanzmärkte zu tun."[18]

Der Wortherkunft nach leitet sich der Begriff Luxus von dem lateinischen Wort „lux" ab: Licht, Helle, Helligkeit.[19] Laut weiterer Quellen bedeutet „luxus" und „luxuria" unter anderem, verbundensein mit glänzendem Prachtaufwand, mit unangemessener Lebensweise und Genusssucht.[20] Mit der Zeit jedoch hat der Begriff Luxus seine negative Deutung verloren. Im Gegensatz zu „notwendigen" oder „selbstverständlichen" Produkten oder Dienstleistungen bezeichnet Luxus mittlerweile einen „hohen Aufwand, der über das (Lebens)Notwendige, sozial Angemessene oder den normalen Lebensstandard hinausgeht"[21]

3.2 Luxusmarke

Nach Kapferer sind Luxusmarken „fassbare Zeichen des Geschmacks einer Epoche auf ihrem höchsten Niveau. Die Marken als solche sind alle impliziten Träger einer Kultur, einer ihr eigenen Lebensethik"[22]. Dementsprechend erfüllen sie mehr einen emotionalen oder symbolischen als einen funktionalen Nutzen.

---

[17] Vgl. Drissen, A. (2006), S. 9f.
[18] Vgl. Brückner, M. (2008), S. 13
[19] Vgl. Büttner, M./ Huber, F./Regier, S. / Vollhardt, K. (2008), S.8
[20] Vgl. Vogel, F.C.W. (Hrsg) (1827), S. 18
[21] Mühlmann, H. (1975), S. 69
[22] Kapferer, J.-N. (2001), S. 349

Abbildung 1, Fashion-Premium-Luxury; Quelle: Kapferer, J.N , HEC, Paris[23]

Dabei geht Kapferer weiter und grenzt die Luxusunikate von den Luxusmarken, als einzigartiges Werk, wie beispielsweise ein Haute Couture Kleid, ab. Die meist hohen Investitionen in die Unikate einer Luxusmarke bieten die Möglichkeit, den Traum um die Marke zu erschaffen.[24]

Nach einer Studie von Dubois / Laurent / Czellar muss ein Markenprodukt aus Sicht der Konsumenten sechs Merkmale besitzen, um den Status Luxus zu erlangen: hoher Preis, hohe Produktqualität, Exklusivität, Ästhetik, Historie und Nicht-Notwendigkeit.[25]

3.2.1 Merkmale der Luxusmarke

Andreas Roth weist auf vier Merkmale, die eine Luxusmarke erfolgreich machen:

1) Positionierung und Herkunft
«Die Marke muss klar positioniert sein. Die Identifikation mit der Marke ist kaufentscheidend. Deshalb müssen die Werte und die Geschichte der Marke oder des Produkts eindeutig und überzeugend kommuniziert werden.» [26]

---

[23] Kapferer, J.-N. (2010)
[24] Vgl. Kapferer, J.-N. (2004), S.70.
[25] Vgl.Dubois, B. / Laurent, G. / Czellar, S. (2001), S.1 ff.
[26] Roth, A. (2010)

2) Kontinuität

«Äußerst wichtig im Hinblick auf das Markenmanagement ist es, gewisse Dinge bewusst zu unterlassen und keinem kurzfristigen Trend zu folgen. Wer das Markenmanagement im Griff hat, bestimmt den Preis. Und das ist in der Welt der Luxusgüter langfristig entscheidend.» [27]

3) Qualität

«Eine Luxusmarke darf sich nie Kompromisse bei der Qualität erlauben. Luxuskonsumenten sind bereit, viel in Marken zu investieren. Als Gegenleistung erwarten sie dafür aber Topqualität bezüglich Material, Produktion und Service.» [28]

4) Innovationskraft. «Konsumenten von Luxusartikeln sind anspruchsvoll und müssen immer wieder durch neue und attraktive Produkte zum Kaufen verführt werden. Wir haben bereits alles. Was brauchen wir noch? Kundenbedürfnisse werden durch die Innovationskraft neuer Produkte und Dienstleistungen geweckt.»[29]

3.2.2 Abgrenzung der Luxus- und Premium-Marke

Zurzeit beobachten wir den starken Konkurrenzdruck bei Premium-Marken, der dazu geführt hat, dass Premiummarken-Anbieter ihre Produkte und ihr Image stark verbessert haben. Diese drängen vermehrt in die traditionellen Märkte der Luxusmarken oder zumindest sorgen sie für das Verwischen der Grenzen zwischen Premium und Luxus. Um jedoch Luxusmarkenverwässerung und Zielgruppenverfehlungen zu vermeiden, sowie eine exaktere Abschätzung tatsächlicher Marktpotenziale zu gewinnen, müssen beide Begriffe klar definiert werden.[30]

Seitdem die Idee „Demokratisierung des Luxus" immer mehr Gewicht erhält, bieten Luxusmarken mittlerweile auch Produkte des Premium- oder sogar Massenbereiches an. Diese Tatsache bringt nicht nur Verwirrungen in die Konsumentenreihen, sondern auch die Ex-

---

[27] Ebenda
[28] Roth, A. (2010)
[29] Ebenda
[30] Vgl. Büttner, M. /Huber, F. / Regier, S. / Vollhardt, K. 2008, S. 12 / soauch vgl. Valtin, A., 2005, S.6

perten des Premium- und Luxussegmentes kategorisieren teilweise die Premium- und Luxusmarken uneinheitlich. Aus diesem Grund weichen oft die Marktzahlen dieses Segmentes wesentlich voneinander ab.

In der folgenden Tabelle wurden von Alexandra Valtin[31] diese zwei Begriffe gegeneinander gestellt und klar abgegrenzt.

---

[31] Alexandra Valtin ist seit 2008 Director Marketing & Communikation beim Münchener Modelabel Escada

Abgrenzung von Premium- und Luxusmarken nach angebotsorientierten Kriterien[32]

Kriterien	Premiummarke	Luxusmarke	Quellen
Produkt-Kategorie	Produktkategorie-Übergreifend	- Tendenziell Gebrauchsgüter (Shopping Goods and Specially Goods) - Tendenziell Kategorien mit wenig technologischen Entwicklungen und stabilen Kundenwünschen	Jäckel/Kochhan (2000) Quelch (1987)
Art der Herstellung/ Seriengröße	-Große standardisierte Serie bzw. Massenfertigung	- Kleine maßgeschneiderte Serie - Handarbeit bzw. Manufakturware	Belz (1994), Kapferer (2001), Michel (2002)
Produkt-Qualität	-Hohe Qualität, die sich in hoher Funktionalität und/oder Anmutungsnutzen (Design) festmacht	- Höchste Qualität - Verarbeitung edelster Materialien - Sorgfältige Verarbeitung unverwechselbarer Stil und Design	Quelch (1987), Haas (2000), Nueno/Quelch (1998), Kapferer (2001), Lasslop (2002), Michael (2002)
Preis	-Preispremium gegenüber Basis-und Handelsmarken -in Nicht-Luxus-Kategorien höchstes Preisniveau -Preis als Qualitätsindikator	- Höchster Preis innerhalb der Kategorie - stabiler Preisabstand zu funktional gleichen Produkten derselben Kategorie - Preis als Qualitätsindikator und zur Abgrenzung, Statusdemonstration etc.	McKinsey (1990), Lasslop (2002), Nueno/Quelch (1998)
Distribution	-breite bis selektive Distribution	- selektive bis exklusive Distribution bei gleichzeitiger Globalität: Selektive Ubiquität	Kapferer (2001), Lasslop (2002)
Zielgruppe	-abhängig von Positionierung (Massen od. Nischenmarke) i.d.R. nicht auf vermögende Konsumentenschicht beschränkt -„excursionists", hybride Konsumenten	- kleine, vermögende Zielgruppe - „Old money", „nouveauxriches", - teilweise auch „excursionists"	Dubois/Laurent (1996), Dubois/Duquesne (1993b), Allérès (1993)
Bekanntheit/ Reichweite	-keine generelle Aussage möglich, aber i.d.R. relativ hohe Markenbekanntheit; - Zunahme globaler Premiummarken	- oft hohe soziale Aufmerksamkeit: Ausnahme: Limited Awareness Brands bzw.Kennermarken - Zunahme globaler Luxus-marken	Kapferer (2001), Lasslop (2002), Quelch (1998)

Tabelle 1: Quelle: Valtin, A.

---

[32] Valtin, A. (2005), S. 186

3.2.3 Die hochwertigsten internationalen Luxus-Fashion-Marken

„Während der Luxusmarkt sich früher auf klassische „Hard-Luxury"-Produkte wie Uhren und Schmuck, sowie „Soft Luxury"-Produkte wie Kleidung konzentrierte, ist er inzwischen deutlich weiter gefasst. Für Luxuskonsumenten beschreibt „Luxus" heute hochwertige Autos ebenso wie exquisite Nahrungsmittel und Alkoholika, Wellness-Aufenthalte oder Reisen"[33]. Da aber das Thema der vorliegenden Arbeit sich ausschließlich dem Luxus-Fashion-Bereich widmet, werden in diesem Kapitel nur die Luxusmarken dieses Bereiches betrachtet.

Die Marke ist das wichtigste Gut der Luxusmarkenhersteller. Die Luxusmarken boomen wieder. Marken wie Louis Vuitton, Armani, Gucci oder Hermès haben im Luxusmarkt ein überragendes Ansehen. Dank ihres Namens generieren sie Jahr für Jahr entsprechend hohe Umsätze. Dieser Umstand spiegelt sich in den Absatzzahlen der internationalen Luxusmarken wider: So gilt zum Beispiel der Multi-Label Konzern Louis Vuitton Moët Hennessy (LVMH), zu dessen Portfolio solche Marken wie Fendi, Christian Dior, Givenchy, Kenzo und andere gehören, als Markenführer im Segment der Luxusmode. Seine Marke Louis Vuitton gilt mit einem Wert von 24,312 Milliarden US-Dollar (2011) als erfolgreichste Marke der Welt. Die Umsatzzuwächse vieler Unternehmen der Luxusbranche lassen annehmen, dass die Luxusbranche im Vergleich zu anderen Branchen weniger anfällig für Konjunkturschwankungen ist.

---

[33] BCG Group, (2011)

2011: Die wertvollsten Luxusfashionmarken der Welt

Top 10 nach Markenwert (in Mrd. $)

Rang 2011	Brand	Land	Brand Value (Markenwert) 2011	Brand Value (Markenwert) 2010	Brand Value (Markenwert) 2008[34]
1	Louis Vuitton	Frankreich	24,312	18,720	26,570
2	Hermès	Frankreich	11,917	7,031	5,627
3	Gucci	Italien	7,449	7,597	10,152
4	Chanel	Frankreich	6,823	5,254	k.A.
5	Burberry	Großbritannien	3,379	3,110	4,246
6	ARMANI	Italien	3,794	4,337	4,337
7	Ralph Lauren	USA	3,378	2,770	k.A.

Tabelle 2, Quelle: Interbrand / MillwardBrownOptimatorBrandZ / Kantar Worldpanel / Bloomberg

Die wichtigste Herkunftsregion für Luxus-Fashion sind Italien und Frankreich.

3.2.4 Die russischen Luxus-Fashion-Marken

Wie schon die "Vogue"-Chefin in Russland Aljona Doletskaja in einem Interview mit der Schweizer "Weltwoche" feststellte: "Es gibt keine Modeindustrie in Russland. […] Es gibt weder die Erfahrung noch die handwerklichen Ressourcen, der Aufbau einer Textilbranche gehörte nicht zu den Prioritäten in diesem Land." [35]

Jedoch gibt es Mode-Stardesigner des russischen Luxus, wie Vecheslav Saizev und Valentin Judaschkin, die schon seit Anfang der 90er Jahre auf dem russischen Markt sehr berühmt und beliebt wurden. Saizev hat mit seinen Kreationen volkstümliche Kostümelemente mit dem Stil der Haute Couture verbunden, und damit auf sich aufmerksam gemacht. Der mittlerweile bekannteste russische Designer ist heute „Walentin Judaschkin (geb. 1963). Judaschkin führt auch zahlreiche Staatsaufträge aus. Einige Beispiele davon sind: die geschichtlichen Kollektionen »Fin de siècle« (1999); »Reise von Moskau nach Petersburg« (2003), die dem 300jährigen Gründungsjubiläum der Stadt an der Newa gewidmet war. Überdies hat Judaschkin auch das Label VY für junge Mode eingerichtet". [36]

---

[34] Rüssli, S. / Stucky, N. (2008)
[35] Albers, A. / Wichert, S. (2009)
[36] Schmidt, U. (2010), S. 516

Auch jüngere Designer, wie Igor Tschapurin, Denis Simatschew oder Tatjana Parfenowa haben ihre Namen auf dem russischen Luxus-Fashionmarkt etabliert.[37] In der Welt der russischen Luxus-Mode pflegt man gute Verbindungen zu der Welt der Macht. So, zum Beispiel, gehört heute die Partnerin des Oligarchen Roman Abramowitsch, der in London lebt und gleichzeitig Gouverneur des Autonomen Bezirks der Tschuktschen im äußersten Nordosten der Russischen Föderation ist, zu den aufstrebenden Sternen der russischen Modewelt: Dascha Shukowa hat das Luxuslabel Kova & T gegründet, das zwar teuer ist, aber eher für einen lässigen Casual-Stil steht.[38] Das Label Kova & T (2006 gegründet) hat mittlerweile seine Fans auch im Ausland gefunden. Heute wird Label „Kova & T" in 80 Läden weltweit vertrieben.[39]

Jedoch, da die Tradition und Geschichte der international führenden Luxus-Fashion-Marken sich als eine schwer zu überwindende Markteintrittsbarriere für neue Wettbewerber darstellt,[40] ist der ersehnte Durchbruch und eine weltweite Anerkennung in dem westlichen Luxus-Fashionmarkt den russischen Fashiondesignern noch nicht gelungen.

---

[37] Vgl. o.V. Intermoda: „KOVA & T". (2010)
[38] Vgl. Schmidt, U. (2010), S. 516
[39] Vgl. o.V. Fashion Bank, http://www.fashionbank.ru/modellers/
[40] Vgl. Okonkwo, U. (2007), S. 45 ff.

4. Retail-Struktur im Segment der Luxus-Fashion

Nach der Darlegung der aktuellen Tendenzen in der Fashion-Branche konzentriert sich die Verfasserin in diesem Kapitel auf das Thema Fashion-Retail-Kanalstruktur und die Darstellung der wichtigsten Betriebsformen der luxusorientierten Distribution.

4.1 Die vertikale Wertschöpfungskette in der Fashion-Branche

In der Fashion-Branche spricht man heute von der zunehmenden Vertikalisierung. Dabei finden sich „die vertikalisierten Konzepte primär bei den Filialisten aus dem Young Fashion-Bereich und Anbieter aus dem High Fashion-Segment mit einem spitzen Zielgruppenfokus, einer klaren Handschrift, eigenem Sourcing verbunden mit einer hohen Einflussnahme auf die Wertschöpfungskette, schnellen Kollektionsrhythmen und daraus resultierend überdurchschnittlicher Performance."[41] „Das Denken und Arbeiten in vertikalen Prozessen und Strukturen wird in wenigen Jahren eine Selbstverständlichkeit in der Fashion-Branche sein".[42]

Gut informierte Konsumenten und wachsende Globalisierung konfrontieren heute die Fashion-Branche mit neuen Herausforderungen. Auf den gesättigten Märkten beobachten wir derzeit einen steigenden Preis- und Margendruck. Das über Jahrzehnte gewachsene Strukturgebilde zwischen Industrie und Handel erscheint vor diesem Hintergrund veraltet zu sein und ist nicht mehr in der Lage, den wachsenden Konsumentenanforderungen nach Schnelligkeit, Auswahl, Service, Erlebnis und dem Wunsch nach Identifikation gerecht zu werden. So rücken die verschiedenen Stufen der Wertschöpfungskette immer näher zusammen. Die Herausforderungen, die der Branche durch den zunehmenden Direktvertrieb, den Einstieg branchenfremder Anbieter bzw. der Transformation großflächiger Kaufhäuser zum Flächenbetreiber entstehen, verlangen nach einer neuen Managementqualität und hieraus resultierend neuen Geschäftskonzepten.[43]

---

[41] KPMG-Bericht: Vertikalisierung im Handel (2005), S.5-6
[42] Janz, M., Swoboda, B. (2007), S. 315
[43] Vgl. KPMG-Bericht: Vertikalisierung im Handel (2005), S.5 f.

Vertikal aufgestellte Unternehmen zeichnen sich im Fashion-Segment entweder durch eine vollständige oder eine teilweise institutionelle Integration der verschiedenen Phasen der Wertschöpfungskette und durch ihre zentralisierte Steuerung aus. Die Funktion der Distribution an Endverbraucher wird mit der Produktentwicklung und der Fertigung verbunden, sodass eine stufenübergreifende Prozesssteuerung möglich wird.[44] „Die Integration kann durch Eigentum oder Kapitalbeteiligung […] erfolgen. Die beteiligten Stufen der Vertikalisierung reichen heute ausgehend vom vermehrten Einbezug des Konsumenten über Einzel- oder Großhandel, die Bekleidungsindustrie und die Textilindustrie zum Teil bis in die Rohstoffbeschaffung."[45]

Ursprünglich wurde der Wertschöpfungsprozess von der Produktentwicklung vorangetrieben. Damit ist gemeint, dass die Ware von Unternehmen zu Unternehmen ohne Rückmeldungen von der Konsumentenseite her weitergereicht wird. Dabei handelt es sich um eine Rückwärtsintegration, auch `Push` - Modell genannt. „Das vertikale Modell hingegen stellt ein so genanntes `Pull` - Modell dar, da es ausgehend von den derzeitigen Konsumentenwünschen (`Sog`, `Zug`, `pull`) die Prozesse der gesamten textilen Unternehmenskette optimiert." [46] Der Konsument wird hierbei immer mehr zum Motor des Produktionsablaufes des Prozesses."[47]

Der Umbau der Branche spiegelt sich allerdings heute nicht in den reinen Modellen wider, sondern in zahlreichen Mischformen: „Besonders interessant ist hier die Verbindung von vormals komplett getrennt agierenden Bekleidungs- und Handelsunternehmen, die nun im beiderseitigen Interesse kooperieren, um mindestens einige der Vorteile der Vertikalisierung zu realisieren."[48]
„Allein durch den Wegfall der Zwischendistributionsstufe lassen sich erhebliche Synergien erschließen. Der Wegfall von Zwischenlagern ermöglicht eine Direktbelieferung der Filialen über ein eigenes Zentrallager. Dies spart Zeit und Kosten. Zudem verspricht eine vertikale Ausrichtung des Unternehmens – stärker als dies bisher bei der „klassischen" Arbeits-

---

[44] Vgl. Ahlert , D. (1999), S. 333-334, vgl. Ahlert, D. / Borchert, S.(2000), S. 16-33
[45] Haar, Alfred (2011), S.139
[46] Haar, Alfred (2011), S.145
[47] Haar, Alfred (2011), S.138
[48] Haar, Alfred (2011), S.140

teilung möglich war – eine höhere Datentransparenz und somit ein flexibleres Aufgreifen von Nachfrageströmungen".[49]

„Eine Vergleichbarkeit der Sortimente von vertikalen Ketten ist [...] durch die hohe Eigenständigkeit dieser Systeme kaum gegeben, da Informationen über Strategien und Kollektionen in der Regel nicht bis zum Wettbewerber gelangen. Modische Ideen können aufgrund der schnellen Kollektionsrhythmen kaum kopiert werden, womit sich die Sortimente der vertikalen Ketten durch eine hohe Exklusivität auszeichnen. Dies ermöglicht die Durchsetzung ungleich höherer Preise am Markt."[50]

Vergleich der Geschäftsprozesse von nicht-vertikalen und vertikalen Playern:

Nicht-vertikal: Wertschöpfungsprozess der textilen Kette			Vertikal: Optimierung durch Vertikalisierung Beispiel Inditex		
Vorstufe	Textilproduktion		Vorstufe		
Produktion	Kollektion		DESIGN 1 Tag	Eigene Designer 20 eigene Fabriken; Und/oder Sublieferanten	Hoher Automatisierungsgrad 50.000 Teile pro Tag Fertigung nur nach Auftrag
Wholesale	Kollektionsentwicklung				
Wholesale	Markenführung-/politik		FERTIGUNG 8 Tage	Automatisiertes Zentrallager für gesamte Kollektion 24h Belieferung für Europa	48h Belieferung für Übersehe Auslieferung 2x Wo (Mi/Do und Sa/So)
Wholesale	Distribution zur Verkaufsstelle/ Lagerhaltung				
Wholesale	Warenversorgung in der Verkaufsstelle		AUSLIEFERUNG 1-2 Tage	Nur 2-3 Teile pro Artikel Automatischer Bestellvorschlag	2 Kollektionen pro Jahr, aber ca. alle 14 Tage neue Ware
Retail	POS-Marketing				
Retail	Sortimentgestaltung		ABVERKAUF 1-3 Tage	Warenbestellung bis Mi:15.30 und Sa:9:30	
Retail	Verkauf				
Retail	Werbung				
Einsparung mind. 45 Tage					
Insgesamt ca.60-90 Tage (Exclusive der Leistungen der Vorstufe)			12-15 Tage (Exclusive der Leistungen der Vorstufe)		

Tabelle 3: Quelle KPMG [51]

---

[49] KPMG-Bericht: Vertikalisierung im Handel (2005), S.6
[50] Ebenda
[51] Ebenda

4.2 Die wichtigsten Vertriebskanäle im Luxus-Fashion-Segment

Mit einem steigenden Luxusgrad der Marke und der Produktkategorie lässt sich eine tendenziell steigende Selektivität der Distributionspolitik feststellen. So wird die aktuelle RTW- Giorgio Armani Kollektion von einer kleineren Anzahl an Stores vertrieben, ebenso wie die Parfüms der gleichen Marke, deren Distribution wiederum deutlich selektiver als die der Massenmarken gleicher Güterkategorie ist. Bei einer wachsenden vertikalen Ausweitung der Luxusmarken steigt der Druck, breitere Distributionskanäle zu nutzen, wobei imagerelevante Faktoren wie Standort, Ladengestaltung und die Qualität des Verkaufspersonals eine enorme Rolle spielen.[52]

Die Wahl der Vertriebskanäle hängt vom Kerngeschäft der Marke ab. Dabei agieren die Fashion-Marken-Anbieter aus dem Luxussegment in Eigenregie durch selbst betriebene Monomarken-Stores oder zusammen mit Systempartnern, wie zum Beispiel Warenhäusern. Im Folgenden wird auf die für das Luxus-Segment relevanten Retail-Kanäle kurz eingegangen.

- **Franchising**: „Hierbei übernimmt der selbstständige Händler (Franchise-Nehmer) vom Lieferanten (Franchise-Geber) eine komplette Geschäftsidee inkl. Ladengestaltung und Vermarktungskonzept gegen Entrichtung einer meist umsatzabhängigen Franchise-Gebühr. Der Händler arbeitet auf eigene Rechnung und auf eigenes Risiko, profitiert aber vom Know-how des Franchise-Gebers, der ebenfalls für das Marketing verantwortlich ist."[53]
- **Flagship Store**: hier „wird meist das gesamte Programm bzw. Sortiment einer Marke präsentiert. Der Auftritt soll als „Leuchtturm" - dem Ansatz des „Retail Theaters" folgend durch Installation aufwändiger Erlebniswelten und der Demonstration spezieller Anwendungsmöglichkeiten das Sortiment in Szene setzen und dem Kunden die Möglichkeit bieten, alle angebotenen Sachleistungen auszuprobieren."[54] Als Varianten von Flagship-Stores wird unterschieden zwischen:
    - Sakralen Stores, in denen Produkte wie „Heiligtümer" ausgestellt werden,

---

[52] Vgl. Nueno / Quelch (1997), S. 66 ff.; vgl. Braun, M. (1997), S. 91 f.; vgl. Lasslop, I., in: Meffert (2005), S 488 ff.
[53] KPMG-Bericht: Vertikalisierung im Handel (2005), S.5
[54] Turban, M. (2009), S. 25

- - o Lifestyle-Stores, in denen den Kunden Lifestyle-Erlebnisse kommuniziert werden
  - o Mega-Stores, in denen Kunden die Produkte durch intensives Suchen entdecken müssen."[55]
- **Monolabel-Stores** ist eine Spezialform des Fachgeschäftes, Sie „sind deutlich kleiner und weiter verbreitet als Flagship-Stores"[56]
- Eine **Einkaufsstraße** ist eine Straße in einer Innenstadt mit Gastronomiegeschäften und zahlreichen Bekleidungsketten. Sie befindet sich idealerweise in 1A-Lage und hat eine hohe Passantenfrequenz, dabei handelt es sich üblicherweise um Fußgängerzonen.
- **Shopping-Center Retail Store** ist eine unabhängige Filiale in einem Einkaufszentrum (Shopping Mall). Hier zahlen die Besitzer eine Miete, die in der Regel festgelegt ist. Die Miete ist in einigen Fällen mit einem Prozentsatz vom Umsatz verbunden oder mit der Verpflichtung, bei der Finanzierung des Zentrums sich zu beteiligen. Shopping-Center Retail Stores können ferner in zwei Kategorien unterteilt werden:
  - o (1) *Filialen in Einkaufszentren*, in denen die Kunden von einem Geschäft zum anderen gehen, wobei die Kundenanzahl sehr abhängig ist von der Vielzahl der Geschäfte im Zentrum und der allgemeinen Attraktivität der angebotenen Marken.[57]
  - o (2) *Filialen in Fachmarktzentren*, wo sich einzelne Stellen am gleichen kommerziellen Standort befinden, aber mit eigenen Eingängen und Parkmöglichkeiten, so dass jede Marke versucht, den Kunden für sich zu gewinnen.[58]
- Das **Shop-in-Shop-System**: man befindet sich in einem Warenhaus, aber repräsentiert einen freistehenden Store, wobei man Wände an mindestens drei Seiten des Shops hat und eine offene Tür mit direktem Zugang zu einem anderen Teil des Warenhauses. In einem Shop-in-Shop besitzt der Markenanbieter seine eigene Ware und bezahlt seine Mitarbeiter direkt. Er zahlt in der Regel keine feste Miete, sondern arbeitet auf der Grundlage der Marge des Warenhauses. In der Regel hat ein Shop-in-Shop System keine eigene Kasse. Wenn ein Kunde sich für den Kauf entscheidet, muss er an der

---

[55] Vgl. Mikuda, C. (2007), zitiert in: Turban, M. (2009), S. 24 f.
[56] Vgl. Janz, O. /Rohlfing,M. (2008), S.243 ff.
[57] Vgl. Chevailier, M. /Gutsatz, M. (2012), S. 38 ff.
[58] Ebenda

zentralen Kasse die Ware bezahlen. Einer der Vorteile des Shop-in-Shop-Systems ist, dass man nicht jeden einzelnen Kunden für sich gewinnen muss, sondern auch von den „Pull-Effekten" und Förderprogrammen des Warenhauses profitiert.[59]

- **Corners**: „Sie unterscheiden sich von Shop-in-Shop-Systemen durch das Fehlen einer vom Hersteller vorgegebenen Einrichtung, da in der Regel lediglich Ausschnitte aus einem bestimmten Herstellerprogramm innerhalb der Stammabteilung präsentiert werden. Die benötigte Grundfläche ist somit zumeist kleiner als bei Shop-in-Shop-Lösungen. Die Warendisposition und -versorgung sowie das Merchandising erfolgen durch den Einzelhändler."[60]

- **Store-in-Store-Systeme**: „Sie sind dadurch gekennzeichnet, dass sie zumeist räumlich vom eigentlichen Hauptgeschäft getrennt sind bzw. über einen separaten Zugang verfügen. Das Store Design wird zumeist in enger Abstimmung mit dem Produzenten erarbeitet, der ebenfalls Merchandiser zur konzeptgerechten Warenpräsentation bereitstellt."[61]

- **Concessions**: „Bei der Concession mietet der Hersteller die Handelsfläche beim Händler, hat die Bestands- und Dispositionsverantwortung, gegebenenfalls eigenes Verkaufspersonal und nutzt ein eigenes Kassensystem oder das des Händlers."[62] Bei diesem Modell liegt eine große Handelsverantwortung beim Hersteller.

- **Boutique**: Dabei handelt es sich um einen kleinflächigen Laden in innerstädtischen Haupt- oder Nebenlagen mit meist hochwertiger Bekleidung oder Schmuck.[63]

- **Outlet Stores**: „werden fast ohne Ausnahme von Markenanbietern direkt betrieben und dienen primär der Abschleusung von Restanten im Sinne von Markenwaren zweiter Wahl, von Überbeständen der Vorsaison und von Retouren des Produktionsprogramms unter Umgehung des Zwischenhandels, wobei der Endverbraucher durch starke Preisabschläge gegenüber dem normalen Abgabepreis angesprochen wird".[64]

- Luxusfokussierte **Online-Shops**: Einen Wandel erfährt momentan der Verkauf von Luxusartikeln in Online-Shops. „Die Luxusbranche schreckte lange davor zurück, ihre

---

[59] Ebenda
[60] KPMG-Bericht: Vertikalisierung im Handel (2005), S.5
[61] Ebenda
[62] Bug, P. (2011), S.149
[63] Vgl. Ahlert, D. / Große-Bölting, K. / Heinemann, G. (2009), S. 115
[64] Feinen, Thomas P.J. (2007), S.25

Ware im Internet zu verkaufen. Sie fürchtete um das Image ihrer Marken".[65] Auch wurden die Online-Shops angesichts der mangelnden Beratung von Luxus-Konsumenten kritisch gesehen. Jedoch ist durch die zunehmende Nutzung mobiler Smartphones und von Tablet-Computern und durch die schnelle Verbreitung des mobilen Webs die Wichtigkeit und Effektivität dieser Vertriebsform nicht mehr zu unterschätzen. Heutzutage wird das Internet nicht nur als wichtigster Informationskanal für Luxusprodukte verstanden, sondern auch die Umsätze dieses Kanals wachsen deutlich.[66]

„Eigene Online-Shops und stationäre Geschäfte sind derzeit mit Abstand die beiden wichtigsten Vertriebswege für Modeunternehmen"[67]

4.3 Das moderne Multi-Channel-Retailing im Luxus-Segment

Multi-Channel-Retailing wird verstanden als "Angebot unterschiedlicher, differenzierter Waren-Sortimente über verschiedene Formate und Vertriebskanäle."[68] Der Umkreis des Multi-Channel-Retailing „reicht dabei von den kooperativen Formen des Shops, Systemflächen, Depots, Concession-Flächen mit und ohne eigenes Personal über Monostore-Lösungen als eigener Retail-, Franchise-, Concession-Store und Outlets bis hin zu Formen des Non-Store-Retailing"[69] bzw. über E-Shops. Da im Kaufprozess die Konsumenten oft ganz unterschiedliche Kanäle nutzen, kommt es für Fashion-Unternehmen darauf an, nicht nur einzelne Kanäle zu beherrschen, sondern auch perfekt zu verzahnen.[70]

Die besten Konzepte der Multi-Channel-Player mit gleichzeitigem hohem Wachstum der Online-Kanäle liefern heute die Handelsunternehmen aus Großbritannien. Dabei ist „der 'Customer Proposition' zwischen den Kanälen annähernd identisch in Bezug auf Preispolitik, Kernsortimente und Service-Levels".[71] Europaweit „werden schon jetzt 10,7 % aller stationären Verkäufe durch Online-Kaufimpulse ausgelöst."[72]

---

[65] Merten, H.-L. (2009), S. 47 ff.
[66] Merten, H.-L. (2009), S. 47 ff.
[67] Alastair, B (2012), S.63
[68] Krings, M. (2002), S.416
[69] Janz, M. / Swoboda, B. (2007), S. 308
[70] Vgl. Alastair, B (2012), S.62 ff.
[71] Heinemann, G. (2011), S.227
[72] Heinemann, G. (2011), S.227

Dem **Research Report** „Luxury Lovers: The role of digital media for luxury brands in Europe" von Microsoft Advertising (2009) zufolge beläuft sich das Luxus-Gesamtmarktvolumen auf US$ 14 Mrd. Wobei die Online-Absätze US$ 3 Mrd. betragen. Die Steigerung des Unternehmenserfolgs durch ein Multi-Channel-Management erfordert die konsequente Anpassung der Retail-Kanäle an die sich verändernden Erwartungen der Kunden. Die Sicherstellung des reibungslosen Ablaufs des gesamten Kaufprozesses spielt dabei eine wichtige Rolle.

5. Luxusgütermarkt

In den folgenden zwei Unterkapiteln bietet die Verfasserin eine kurze Übersicht über die Entwicklung des Luxusgütermarktes global und in den besonders schnell wachsenden Emerging Markets an.

5.1 Die Entwicklung der Luxusgüterbranche nach der Krise

Die Finanz- und Wirtschaftskrise ging nicht spurlos an der Luxusgüterindustrie vorbei. So mussten die meisten Luxusmarken in den Jahren 2008 und 2009 erhebliche Umsatzrückgänge hinnehmen. Allgemein verzeichnete der globale Luxusmarkt in diesem Zeitraum einen Rückgang von 13 Mrd. €.[73] Jedoch spätestens ab Ende 2009 konnten sich die starken Luxusmarken auf dem Markt wieder behaupten. Allerdings bewältigten nicht alle Anbieter die Krise – besonders hart wurden kleinere Unternehmen getroffen, aber auch einige starke Luxusmarken kämpften ums Überleben. Couturier Roberto Cavalli hat Teile seines Unternehmens verkauft, das deutsche Luxuslabel Escada kämpfte hart gegen eine drohende Pleite.[74] Auch das Modehaus Christian Lacroix, obwohl selbst Modeschöpfer, als einer der letzten Designer, „die noch echte Haute Couture machen"[75] gilt, hat die Krise nicht überstanden und meldet 2009 Insolvenz an.

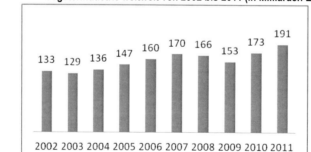

Abbildung 2, Umsatz der Luxusgüterindustrie weltweit von 2002 bis 2011 (in Milliarden Euro)

Quelle: Bain & Company / Altagamma

---

[73] Vgl. Bain & Company-Studie, Luxury Goods Worldwide Market (2011)
[74] o.V. Welt online: Luxus wird zum Ladenhüter (30.06.2009)
[75] Kläsgen, M. / Wilhelm, H.: Christian Lacroix- Steiler Aufstieg, rapides Ende(28.05.09)

Einer Studie der Managementberatung Bain & Company im Auftrag des Fondazione Altagamma (Luxusgüterindustrie-Verband Italiens) zufolge, stieg nach einem Rückgang im Laufe der Jahre 2008 und 2009 der weltweite Luxus-Umsatz in 2011 wieder auf 191 Mrd. €, was 18 % Steigerung gegenüber 172 Mrd. € absolutem Umsatz des Vorjahrs 2010 bedeutet. Bis 2014 wird ein jährliches durchschnittliches Wachstum von 6 bis 7 % für das Luxus-Segment erwartet. Dabei stellt Bain & Company fest, dass Warenhäuser und inhabergeführte Luxus-Stores ein zweistelliges Umsatzplus im Februar und März im Vergleich zu 2010 verzeichnen und einen großen Teil ihres Frühjahr-/Sommer 2011-Bestandes verkaufen konnten.[76]

Man muss aber berücksichtigen, dass eine realistische Einschätzung des Gesamtmarktes für Luxus-Fashion-Segments dadurch erschwert wird, dass viele inhabergeführte Luxus-Fashion-Unternehmen, wie Prada oder Chanel, keine oder nur sehr wenige Finanzzahlen veröffentlichen oder diese nicht genau nach einzelnen Segmenten aufschlüsseln.[77]

Im Jahr 2001 betrugen die Umsätze im Europäischen Luxusgütermarkt 36 % und stellten damit den weltweit größten Anteil dar. In Amerika stagnieren seit 2008 die Luxusgüterumsätze.

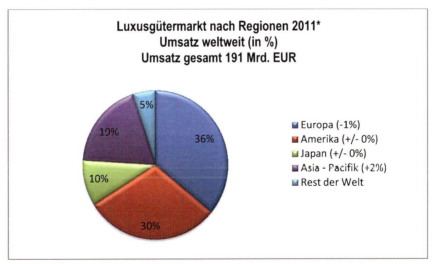

Abbildung 3, Umsatz weltweit (in %); *Schätzung
Zahlen in Klammern: Veränderung zum Vorjahr , Quelle: Bain & Company / Altagamma

---

[76] Vgl. Bain & Company-Studie, Luxury Goods Worldwide Market (2011),
vgl. Kunstmann-Seik, L. (21.11. 2011)
[77] Mardt, N./ Krisch, M. (2010) S.30

„Trotz der Schwierigkeiten durch die internationalen Turbulenzen und die wirtschaftliche Unsicherheit erfährt der Luxussektor eine Art Anti-Krise. […]. Wenn die Luxusmarkenhersteller jetzt weiterhin so flexibel agieren wie während des Wirtschaftsaufschwungs, wird der Sektor nach unserer Einschätzung auch künftig andere Kategorien übertreffen können." (Dr. Rudolf Pritzl, Partner und Konsumgüterexperte bei Bain & Company). [78]

5.2 Die Bedeutung der BRIC-Länder für den Luxusgütermarkt

Die BRIC-Staaten repräsentieren derzeit 42 % der Weltbevölkerung und 14,6 % des globalen Bruttoinlandsprodukts. Ihr Anteil am globalen Wirtschaftswachstum lag im letzten Jahr bei über 50 %.[79] „Trotz enormer Wachstumsperspektiven in den BRIC-Staaten ist die Luft für Auslandsinvestitionen westlicher Unternehmen dünner geworden. Die Szenarien haben sich geändert. […] Westliche Unternehmer müssen sich daher mit der Kapitalstärke, wachsender Innovationskraft und weltweiter Konkurrenz auch aus Emerging Markets messen. Wer sein Geschäft hier auf- oder ausbauen möchte, muss die Differenzierungsmöglichkeiten im Markt- und Wettbewerbsumfeld identifizieren und seine Auslandsstrategie entsprechend ausrichten. Mehr denn je geht es darum, Vertriebskanäle und Kundennetze auszubauen, konjunkturschwächere Regionen anzusteuern und das Servicegeschäft vor Ort zu stärken. Nur mit einem glasklaren Fokus, definierten Zielen und einer konsequenten Strategie kann es gelingen, die Potenziale dieser Märkte für das eigene Wachstum zu erschließen." [80]

---

[78] Vgl. Bain & Company-Studie, Luxury Goods Worldwide Market (2011);
vgl. Kunstmann-Seik, L. (21.11.2011)
[79] Vgl. o.V. BRIC-Staaten wollen klare Spielregeln (2010), Handelsblatt Online-Archiv
[80] Keitz,A., Auslandsstrategie | Das Blickfeld erweitern (2010), S. 4-6

Wirtschaftliche Entwicklung in Brasilien, Russland, Indien, China (BRIC) und Deutschland, 2009-2011

	Brasilien			Russland			Indien			China			Deutschland		
	09	10	11	09	10	11	09	10	11	09	10	11	09	10	11
Veränderung des BIP, %	-0,2	5,5	4,1	-7,9	4	3,3	5,7	8,8	8,4	8,7	10	9,9	-5	1,2	1,8
Staatsdefizit*	68,9	67,2	65,1	9	8,1	9,1	80,8	79	77,8	18,9	20	19,8	72,5	76,7	79,6
Haushaltsdefizit*	3,3	1,5	2	6,2	2,9	2,6	10,5	9,2	7,7	3	3	2	3,3	5,7	5,1
Konjunkturprogramm*	0,7	0,6	-	4,5	2,8	-	0,6	0,4	-	3,1	2,7	-	1,5	2,1	-
Inflationsrate in %	4,9	5,1	4,6	11,7	7	5,7	10,9	13,2	5,5	-0,7	3,1	2,4	0,1	0,9	1
*In % des BIP															

Tabelle 4   Quelle: IWF, Europäische Kommission[81] (in: KPMG)

Die Bedeutung der BRIC-Länder im Luxussegment nimmt zu. Heute haben BRIC-Länder einen Anteil von 35 % an der globalen Nachfrage nach Luxusgütern und gehören damit zu den wichtigsten Luxusmärkten.[82] Die Experten sind sich einig, dass das Wachstum in den BRIC-Ländern ein Orientierungsschwerpunkt für die Luxus-Hersteller für die nächsten zwei bis drei Jahre bleiben wird: Änderungen des Lebensstils haben eine Rückkehr des Luxusgüter-Umsatzes in Russland vorangetrieben. Neueröffnungen von Geschäften werden das Wachstum im Nahen Osten stützen. Brasilien erwartet hohe Investitionen von internationalen Marken. Chinas schnell wachsender Wohlstand wird sowohl zu Wachstum bestehenden Geschäften als auch zu Neueröffnungen führen.[83]

Zusammenfassend lassen sich die aktuellen Entwicklungen des Luxus-Segments mit der Aussage von Claudia D'Arpizio (Bain-Partnerin in Mailand und Hauptautorin der Studie) beschreiben: "Luxus hat eine brillante Rückkehr in den Einzelhandel geschafft, aber das Drehbuch wurde neu geschrieben. […] Anspruchsvollere Kunden, Generationsverschiebungen, neue Aktionen zur Kundenbindung, eine zunehmend integrierte Offline- und digitale Kundenerfahrung und das kontinuierliche Wachstum von China und anderen schnell wachsenden Märkten verändert die Luxus-Branche."[84]

---

[81] KPMG-Bericht: Auslandsstrategien im Wandel (2010)
[82] Vgl. o.V. Markt für Luxusgüter wächst weltweit, (2011); vgl. Grail Research, The Global Fashion Industry – Growth in Emerging Markets (2009)
[83] Ebenda, sowie vgl. Bellaiche, J.-M. / Mei-Pochtler, A./ Hanisch, D., The New World of Luxury (2010)
[84] Ebenda

6. Russland als wichtiger strategischer Partner für das Segment der Luxus-Fashion

6.1   Russland aktuell

Russland ist mit 17.098.242 m² das größte Land der Erde. Es nimmt mehr als ein Neuntel der Erdoberfläche ein und umspannt fast die Hälfte des Gesamtumfangs der Erdkugel. Das Land erstreckt sich über elf Zeitzonen und 9000 Kilometer weit von Osteuropa nach Nordasien. Mit seinen 143,5 Millionen Einwohnern ist Russland das Land mit der achtgrößten Bevölkerung der Erde. Der Großteil der Bevölkerung konzentriert sich im zentralen und südlichen europäischen Teil und im nördlichen Teil Vorland des Kaukasus.[85]

Moskau ist mit 10,4 Mio. Einwohnern die größte Stadt Europas. In ihrer Umgebung befinden sich ca. 80 Städte, darunter 16 Großstädte. Ca. 80 % des Finanzkapitals Russlands konzentriert sich in Moskau. Nach Moskau streben die Reichen aus ganz Russland. Fünf bis zehn Prozent der Moskauer Bevölkerung zählen zu dieser Schicht und treiben die Preise in die Höhe.[86]

Viele Jahre hatte die russische Föderation mit wirtschaftlichen, politischen und sozialen Problemen zu kämpfen, wovon sie sich heutzutage größtenteils erholt hat.[87] Allerdings hat die Weltwirtschaftskrise auch in Russland ihre Spuren hinterlassen, so musste Russland 2009 den größten Rückgang des Bruttoinlandsproduktes seit vielen Jahren verkraften. Jedoch, dank großer Rohstoffvorkommen wie Öl, Gas, Edelmetalle und Holz, erholt sich seit Beginn des Jahres 2010 Russlands Wirtschaft wieder. 2013 rechnet das russische Wirtschaftsministerium mit einer Steigerung des BIP um mindestens 4,5 %.[88]

---

[85] Vgl. CIA-The World Factbook
[86] Vgl. Ministerium für wirtschaftliche Entwicklung der Russischen Föderation
[87] Vgl. Bieling, H. J. (2007), S.235
[88] Vgl. Ministerium für wirtschaftliche Entwicklung der Russischen Föderation

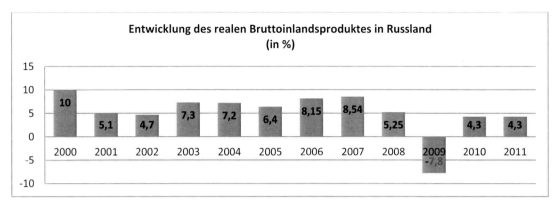

Abbildung 4, Entwicklung des realen Bruttoinlandsproduktes in Russland, (in %)
Quelle: Eigene Darstellung in Anlehnung an IWF, Rosstat, Statista

Es bleibt aber eine Reihe von Problemen, mit denen Russland zu kämpfen hat: die Bürokratie, die Korruption, das mangelhafte Geschäftsklima, die unsichere Investitionsbedingungen, die schlechte Infrastruktur, die Schattenwirtschaft. Allerdings ist der russische Trumpf - das schwarze Gold, auf das Russland stark angewiesen ist. Dessen Preisentwicklung gestaltet sich sehr gut. [89]

In den ersten drei Quartalen 2011 stiegen die Auslandsinvestitionen in Russland fast um das Dreifache. Die Ausländischen Direktinvestitionen legten um 43 % zu und beliefen sich auf umgerechnet 8,3 Mrd. Euro[90], während die restlichen BRIC-Staaten – China, Indien und Brasilien – einen Abfluss von Kapital verzeichnen mussten[91]. Die Wirtschaftsexperten erwarten, dass sich das Investitionsklima in Russland weiterhin verbessern wird.[92]

Für die Luxus-Fashion-Anbieter ist der russische Markt ein sehr lukratives aber auch kompliziertes Investitionsziel. Der Konsumfreudigkeit und der ausgeprägte Vorliebe der russischen Bevölkerung, sich auffallend zu kleiden, stehen eine sehr schwach ausgebaute Infrastruktur, Zollkomplikationen, Zertifizierungsschwierigkeiten und die unterentwickelte Zahl an Verkaufsflächen gegenüber. Dabei existieren auch große Diskrepanzen im politisch-rechtlichen, ökonomischen, soziokulturellen und technologischen Bereich, so dass den großen Chancen des Marktes auch erhebliche Risiken gegenüberstehen. Infolgedessen sind

---

[89] Vgl. o.V. German Fashion Modeverband Deutschland o.V
[90] Vgl. Rosstat (1)
[91] Vgl. Schenk, C., KPMG (2012)
[92] Ebenda.

bereits zahlreiche Markteintrittsstrategien vieler internationaler Unternehmen gescheitert.[93] Eine sorgfältige Analyse der Markteintrittsbarrieren sowie die Analyse der Unternehmenskapazitäten sind die Voraussetzung für eine erfolgreiche Strategie der Markterschließung. Mit einem Antikorruptionsgesetz (2008) hat die russische Regierung eines der wichtigsten Problemfelder der Außenhandelsbeziehungen in Angriff genommen. Im Juli 2012 wird der WTO-Beitritt Russlands, nach jahrelangen Verhandlungen, endgültig vollzogen sein. Die Wirtschaftsexperten sprechen die Hoffnung aus, dass Russland sich damit zu einem Teil eines transparenten und gleichberechtigten Welthandelssystems entwickelt.[94] Heutzutage jedoch machen noch viele Probleme die Geschäftsentwicklung in Russland weiterhin zeitaufwendig und kompliziert.

6.2 Entwicklungsphasen des Luxus-Segmentes in Russland

1. Phase: Sowjetzeit

In einer Zeit von mehr als siebzig Jahren Kommunismus war der Sowjetbürger aus dem globalen Reich der Modewelt ausgeschlossen. Angesagt war einheitliche Kleidung in gedämpften Farben. Die sowjetischen Männer zeigten Härte: das Wort Mode war bei „richtigen Männern" damals verpönt. Die Frauen waren in dieser Hinsicht schwächer. Sie bewiesen viel Fantasie in ihrer Vorliebe, sich effektvoll zu kleiden. Von Hand zu Hand haben sie die hochbegehrten Modezeitschriften aus dem Westen weitergereicht und sich gegenseitig informiert. Wer eine Schneiderin hatte und eine Möglichkeit, geeignete Stoffe zu kaufen, wobei deren Wahl auch ziemlich begrenzt war, fühlte sich privilegiert und hat die Kleider nach den Musterbildern nähen lassen.

Allerdings wurden die Grundsätze der Schneider- und Strickkunst den Mädchen schon in der Schule beigebracht, z.B. konnten fast alle Frauen, die der sechziger bis siebziger Generation angehörten, bei Bedarf ein Kleid oder eine Hose schneidern. So kann man auch den überragenden Erfolg der Zeitschrift „Burda Moden" in der Sowjetunion erklären. Als im Jahr 1987 die „Burda Moden" in der Sowjetunion erschien[95], stürzten sich Millionen von sowjetischen Frauen auf Schnittmusterbögen, um endlich die ersehnten Kleider selbst zu

---

[93] Vgl. Valiullin, R. (2005), S.101 f.
[94] Vgl. Schenk, C., KPMG (2012)
[95] Vgl. Hubert Burda Media Holding Kommanditgesellschaft, http://www.hubert-burda-media.de

fertigen. So haben sie damals an dem geheimnisvollen Leben im Westen partizipiert. Und das war damals Luxus. Mit der Wendezeit wurde der wirkliche internationale Luxusmarkt dem russischen Konsumenten zugänglich.

Die weitere Dynamik des Luxus-Fashion-Segments in Russland kann man in folgende Phasen unterteilen:

2. Phase: 1990 – 1998

In der sowjetischen Modewelt entwickelten sich nach dem Zusammenbruch der kommunistischen Einheitskultur immer mehr Styling-Oasen. Als einer der ersten westlichen Designer eröffnete Gianni Versace 1992 auf dem Kuzneckij most in Moskau eine Modeboutique, die enormen Erfolg bei der neureichen Kundschaft hatte. Die anderen Luxus-Modehäuser, wie Chanel, Gucci und Jil Sander ließen auch nicht lange auf sich warten. Da die russische Produktion als minderwertig galt, hatten die internationalen Luxusmarkenanbieter bald einen großen Erfolg. [96]

Diese Zeit hat die Konsumkultur des russischen Luxus-Konsumenten geprägt. Schrill, opulent, glänzend, ungewöhnlich und teuer war die Luxusparole dieser Zeit. Den Zugang zu dieser Markt-Nische, aufgrund der damals ziemlich instabilen wirtschaftlichen und sozialen Situation in Russland, hatte lediglich eine recht eng begrenzte Gruppe. Diese Gruppe schloss sich nach außen ab – es war die aktivste im geschäftlichen und politischen Sinne „Elite"[97] des Landes.

Den Luxus-Fashion-Markt teilten drei Retail-Unternehmen unter sich auf: Mercury, Jamil-Co und Bosco di Ciliegi.[98]

3. Phase: 1998 – 2008

Die zweite Phase der Entwicklung des Luxus-Fashion-Segments in Russland ist durch die Weiterentwicklung der Luxuskonsum-Kultur gekennzeichnet. Der Marktaufbau wurde durch gezielte Etablierung der global besten Luxusmarken auf dem russischen Markt ge-

---

[96] Schmidt, U. (2010)], S.515
[97] Weiterhin wird in dieser Arbeit unter dem Begriff „Elite" die wirtschaftliche Oberschicht der russischen Gesellschaft verstanden.
[98] Vgl. Integrum, Informations-Analytischer Bericht N 293 (2009)

prägt. Derartige Luxuswaren der einheimischer Produktion gab es auf dem einheimischen Markt überhaupt nicht. Dieser Zeitraum wurde durch die relative Stabilität im wirtschaftlichen, politischen und sozialen Sinne gekennzeichnet. Die rasante Entwicklung der inländischen Finanzinstitute ermöglichte die wachsende Privatkreditaufnahme. Die soziale Grenze der Luxuskonsumenten ist verschwommen. Unter diesen Bedingungen erweitert sich wesentlich die Gesellschaftsschicht, die sich Luxusprodukte leisten kann. Von 2002 bis 2007 ist der russische Modemarkt jährlich um bis zu einem Drittel gewachsen. [99]

„Viele Modeladen-Besitzer in Moskau und St. Petersburg, aber auch in den regionalen Hauptstädten, hatten Ende 2007 und Anfang 2008 mit einer Kostenexplosion bei den Mieten zu kämpfen. Auch die Löhne und Gehälter des Personals waren bis dahin auf ein beachtliches Niveau gestiegen. Als dann Ende 2008 die Nachfrage einbrach, mussten viele Läden schließen." - sagte Reinhard Döpfer[100] im Gespräch mit Germany Trade and Invest auf der internationalen Modemesse CPM Ende Februar 2011 in Moskau.[101]

4. Phase: 2008 bis heute

Laut Analysten des Unternehmens IndexBoxResearch machte der Umsatz der Luxus-Fashion im Jahr 2008 etwa 1,95 Mio. USD aus.[102] Im Jahr 2009 sind die negativen Auswirkungen der Wirtschaftskrise in den Markt der Luxus-Fashion übergesprungen. Den Umsatzrückgang konnte man nicht mehr stoppen. Der Rückgang der Nachfrage belief sich auf 40-45 %. Der Nachfrageeinbruch führte zu Änderungen in der Preispolitik der Luxus-Retailer. Die russischen Retailer senkten das Einkaufsbudget um bis zu 20 bis 40 %.[103] Luxus-Retailer wussten sich auch in der Hochsaison (November-Dezember) nur noch mit drastischen Preisnachlässen bis zu 70 % zu helfen. Darüber berichteten Mercury (Monolabel-Stores Dolce & Gabbana, Prada, Gucci usw.), Podium (Michel Kors, Emilio D`Quadrat usw.), Bosco di Ciliegi (Kenzo, Jean Paul Gaultier usw.), Crocus Group (Sergio Rossi, Emanuel Ungaro usw.), JamilCo (Hermes, Escada usw.). Das Preisniveau in Russland glich

---

[99] Ebenda
[100] Reinhardt Döpfer – International Coordinator of Russian Fashion Retail Forum (RFRF) bei IGEDO Company, Düsseldorf / Vorsitzender bei ERFA-KREIS BEKLEIDUNG RUSSLAND (EKBR) / Senior Strategy Advisor for the Development of CPM Moscow bei IGEDO Company / Managing Partner ITMM GmbH International Fashion and Textile Marketing and Management Consultants bei Consulting / Chairman bei European Fashion & Textile Export Council (EFTEC) u.a.
[101] Vgl. Döpfer, R. (2011)
[102] Vgl. Jacenko, N., Luxus hält durch (2009),vgl. Fashioner, Analyse der Luxus-Fashion (2009)
[103] Vgl. Fashioner, Analyse der Luxus-Fashion (2009)

in diesem Zeitraum den stets niedrigeren Preisen in Glamour-Mode-Metropolen des europäischen Kontinents, Paris und Mailand. [104]

Abbildung 5, Umsatzvolumen der Luxus-Fashion in Russland 2007-2010, Mio. Euro[105]

„Derzeit kehrt die Kauflust des russischen Luxus-Konsumenten allmählich wieder zurück. Jedoch spielt heute das Preis-Leistungs-Verhältnis eine größere Rolle. ‚Seit dem Ende der Sowjetunion und dem Beginn der Designer-Invasion sind nun aber bald zwanzig Jahre vergangen. […] bei den Modeschauen im Luxuskaufhaus GUM trifft man immer häufiger auf Menschen, die den Sozialismus entweder gar nicht oder zumindest nicht bewusst miterlebt haben. Die zweite Generation der postsowjetischen Elite hat nichts nachzuholen, nichts zu beweisen, nichts auszuprobieren. […] Statt dessen fangen die Russinnen an, ihren eigenen Geschmack zu entwickeln', sagt Designerin Anja Gockel im Gespräch mit Gala. ‚[…] Sie wagen es jetzt auch mal, ein billiges Top mit einer Designerhose zu kombinieren. […] die neue Generation hat ein viel größeres Selbstbewusstsein und eine gewisse Ruhe. Man ist nicht mehr so abhängig von den Luxusmarken.'"- schreibt 2009 Nina-A. Klotz in ihrem Bericht für Gala. [106]

Die Wirtschaftskrise hat die Luxus-Betreiber veranlasst, ihre Strategien zu überprüfen. Viele Luxus-Betreiber stoppten ihre Expansion auf dem russischen Markt und konzentrierten sich auf die Entwicklung ihrer bestehenden Projekte in großen russischen Städten.[107] Einige Luxusmarkenanbieter, wie Stella McCartney, Alexander McQueen und Vivienne

---

[104] Vgl. Tschurkina, O. / Matasova, I. (2005)
[105] Vgl. Fashioner, Analyse der Luxus-Fashion (2009)
vgl. Bain & Company-Studie, Luxury Goods Worldwide Market (2011)
[106] Vgl. Klotz, N.-A. (2009)
[107] Vgl. Nikolaev, S. (2010)

Westwood erklärten 2009 ihre Boutiquen in Russland als unrentabel und zogen sich von dem russischen Markt zurück. [108]

Die Experten kennzeichnen diese Zeitphase für das Luxus-Fashion-Segment als Segmentsanierung. Die Pseudoelite hat sich zum größten Teil aus dem Segment zurückgezogen. Die schwächeren Luxusmarkenanbieter haben den Markt vorübergehend aufgegeben und ein Teil verschwand endgültig.

6.3 Marktvolumen des Luxus-Segmentes in Russland

Seit der Wendezeit ist der lokale Luxus-Markt gewachsen und viel professioneller geworden. Er hat bereits seine eigene Struktur und Regeln entwickelt und gilt als vielversprechend und schnell wachsend. Das Hauptproblem ist die mangelnde Transparenz. Es gibt immer noch keine offiziellen Statistiken über diesen Markt, nur Schätzungen. Manchmal ist es auch schwierig, die eigentliche Zielgruppe zu identifizieren und darauf Zugriff zu haben, da das Einkommen vieler Luxuskonsumenten oft inoffiziell bleibt. Als problematisch erwies sich ferner das Fehlen der eindeutigen Zuordnung zu Premium- und Luxusmarken. So wurden von der Verfasserin deutliche Unterschiede in den verschiedenen Zählungen festgestellt. Die Ergebnisse über das russische Luxus-Fashion-Segment wurden von der Verfasserin anhand von unterschiedlichen Luxusmarkt-Studien, analytischen Berichten und russischen und internationalen Presseartikeln analysiert und zusammengefasst.

Das Marktvolumen für Bekleidung in Russland hatte sich zwischen 2002 und 2007 vervierfacht.[109] Basierend auf den Zahlen des Experten Data Analyst IndexBoxResearch betrug die Kategorie der Luxus-Fashion 2008 etwa 6,8% des gesamten Marktes von Kleidung, Schuhen und Accessoires in Russland, was $ 4,8 Mrd. ausmachte. Die Struktur nach Luxus-Produktgruppen unterteilte sich in Kleidung: $ 1.248.000 (64%); Schuhe: $ 332 000 000 (17 %); Accessoires / Taschen: $ 371 000 000 (19%).[110]

---

[108] Vgl. o.V. "РБК Daily" (2010)], vgl. Nikolaev, S. (2010)
[109] Vgl. Müller, J. (2011), S.20 – 24
[110] Vgl. Slesareva, J. (2009), vgl. Fashioner, Analyse der Luxus-Fashion (2009)

Abbildung 6, Die Struktur des Luxus-Fashion--Segmentes nach Produktgruppen (2008)[111]

Abbildung 7, Anteil der Luxus-Fashion an dem Gesamt-Fashion-Markt (2008)[112]

In den Jahren 2006, 2007, 2008 wuchs aufgrund der Steigerung des Realeinkommens und der günstigen Marktbedingungen das Umsatzvolumen des russischen Luxus-Fashion-Segments um 15 bis 20 % pro Jahr.[113] Jedoch schon Anfang September 2008 wurde krisenabhängig die negative Tendenz deutlich spürbar. Die Stagnation, eine Abwertung des Rubels, steigende Arbeitslosigkeit, niedrige Löhne hatten einen starken Rückgang der Kaufkraft zur Folge. In den Monaten September bis Dezember 2008 gingen die Umsatzzahlen der Luxus-Branche um bis zu 40-45 % zurück.[114]

Im Jahr 2010 belief sich der russische Gesamtbekleidungsmarkt inklusive Schuhe, Taschen und Accessoires auf umgerechnet rund 40 Mrd. Euro.[115] Dabei hat der russische Luxus-Fashion-Markt, wie aus der Studie von Bain & Company hervorgeht und wie die Abbildung 8 widerspiegelt, die hochgesteckten Wachstumserwartungen der Luxus-Betreiber nicht erfüllt. Mit 4,7 Mrd. Euro steht Russland im Ranking hinter Hong Kong und den VA Emiraten.[116]

---

[111] Vgl. Fashioner, Analyse der Luxus-Fashion (2009)
[112] Ebenda
[113] Vgl. Slesareva, J. (2009), vgl. Fashioner, Analyse der Luxus-Fashion (2009)
[114] Vgl. Slesareva, J. (2009), vgl. Fashioner, Analyse der Luxus-Fashion (2009)
[115] Vgl. Müller, J. (2011), S.20 – 24,
[116] Vgl. Bain & Company-Studie, Luxury Goods Worldwide Market (2011)

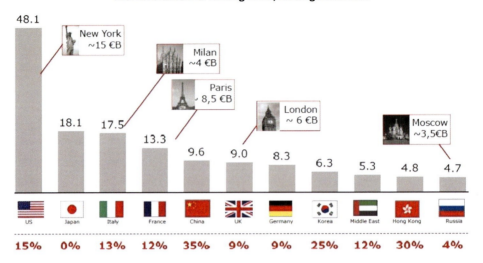

Abbildung 8, Ranking by Country (2010, B.EUR)

Quelle: Bain & Company/Altagamma

6.4 Geographische Verteilung des Luxus-Segmentes in Russland

Regional betrachtet ist das Segment der Luxus-Fashion in Russland ausgesprochen heterogen. Luxusmarken haben Präsenz in jeder der acht föderalen Bezirke der Russischen Föderation, insbesondere im europäischen Teil Russlands.

Präsenz der Luxus-Fashion- Retailer in Föderalen Bezirken der Russischen Föderation

Föderalbezirk (FB)	Fläche (km²)	Einwohner (Mio.)	Zentrum	Luxus-Retail in Bezirken (2010)[117]	Luxus-Retail / in Städten (2010)[118]
Zentraler FB	653.000	37,1	Moskau	527	davon: 513 in Moskau
FB Süd	417.000	14,7	Rostow-am-Don	k.A.	k.A.
FB Nordwest	1.678.000	13,5	St. Petersburg	120	davon: 101 in St. Petersburg 19 in Kaliningrad
FB Fernost	6.216.000	6,4	Chabarowsk	12	davon: 7 in Wladiwostok
FB Sibirien	5.115.000	19,5	Nowosibirsk	13	k.A.
FB Ural	1.789.000	12,2	Jekaterinburg	k.A.	k.A.
FB Wolga	1.038.000	30,1	Nizhnij Nowgorod	k.A.	k.A.
FB Nordkaukasus	160.000	8,2	Pjatigorsk	k.A.	k.A.

Tabelle 5, Quelle: Eigene Darstellung in Anlehnung an: Russland-GUS, Online-Handbuch[119] (vervollständigt um Luxus-Retail-Angaben)

Das gegenwärtige Moskau wird häufig als die fünfte Mode-Hauptstadt der Welt bezeichnet, nach Paris, Mailand, London und New York. So entfällt in Russland auf den Markt Moskau ca. 80 % des Luxus-Fashion-Retail, St. Petersburg ca. 10 %, die restlichen 10 % sind auf die weiteren Städte der Russischen Föderation ungleichmäßig verteilt. „Während die Finanzkrise in Moskau und St. Petersburg schnell vorbei war, kämpft manche Provinz-Millionenstadt noch mit deren Folgen."[120]

Einhergehend mit den großen Einwohnerzahlen und der Tatsache, dass in Moskau der Platz für neue Handelsflächen nach und nach schwindet und die Mietpreise steigen, werden die weiteren Großstädte wie für den ganzen Konsumgütersektor allgemein, so auch für das Segment der Luxus-Fashion immer attraktiver.[121] Was die Ausprägung des Segmentes der Luxus-Fashion betrifft, folgen dem Hauptmarkt Moskau mit großem Abstand die Städte St. Petersburg, Jekaterinburg, Nowosibirsk, Krasnojarsk und Rostow-am-Don.

---

[117] Nikolaev, S. (2010)
[118] Ebenda.
[119] Vgl. Weisbach, J., Russland GUS Online-Handbuch, Online: http://www.russland-gus.de/site/handbuch/russland/foed_bezirke/foed_bezirke.php
[120] Müller, J. (2011) , S. 21 f.
[121] Vgl. Schenk, C., KPMG (2011)

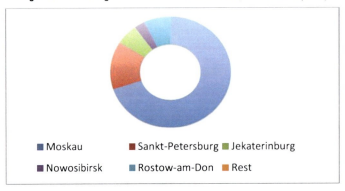

Abbildung 9, Regionale Verteilung des Luxus-Fashion-Konsums, in Russland (2008)

Quelle: Eigene Darstellung [122]

Rostow-am-Don: Laut der Studie von Fashioner Russian CFA Market Experts wurde seit 2006 eine besonders schnelle Entwicklung der Region Rostow-am-Don zugeschrieben. Vor der Krise nach den Schätzungen der Experten entwickelte sich der Rostower Markt mit 25-30 % pro Jahr schneller als der Gesamt-Föderale Markt mit 15-20 % pro Jahr. Auch in Krisen-Zeiten zeigte sich der Luxus-Markt nach Aussagen der wichtigsten Luxus-Retail-Player dieser Region ziemlich stabil.[123]

Novosibirsk: In Nowosibirsk wird Luxus-Fashion in Multi-und Monolabel-Stores vertrieben. Die erfolgreichsten Monolabel-Stores sind in der Boutiquen-Galerie Bosco Familie (Marina Rinaldi, Etro, Kenzo, Ermano Scervino usw.) vertreten. Miteigentümer des Unternehmens Bosco Familie sind Irina Krasnopol'skaya und Vera Alidzhanova. Im Jahr 2008 wurden die Anteile der Bosco di Ciliegi (Top-Luxus-Retailer) an ihre lokalen Partner „Nycomed-Sibirien" verkauft. Die weiteren Luxusmarken, die auf dem Markt präsent sind, sind Escada, Boss, Ermenegildo Zegna und andere, die wichtigsten Luxus-Retailer: Bosco Familie und Satiko.[124]

Krasnojarsk: Der regionale Luxus-Retailer "Le Roy Region» (www.leroy-fashion.ru) betreibt 13 Mono-und Multilabel-Boutiquen in Krasnojarsk und zwei in Abakan. Alle befinden sich in seinem Besitz. (Multilabel-Stores: u.a.- Burlington und Joop! / Monolabel-Boutiquen: u.a. - Hugo Boss und Emporio Armani). Die Gesamtanzahl der Geschäfte in

---

[122] Vgl. Quans Research, (2008), vgl. Fashioner, Analyse der Luxus-Fashion (2009)
[123] Vgl. Fashioner, Analyse der Luxus-Fashion (2009)
[124] Ebenda

Krasnojarsk ist nicht größer als ein paar Dutzend. Ausgehend von Berichten der Experten ist das Luxus-Segment in Krasnojarsk unterentwickelt. Alex Gruzinenko (CEO "Le Roy") nimmt an, dass der Luxus-Umsatz ungefähr von 3 bis 5 % vom Gesamt-Bekleidungsvolumen beträgt. Begründet wird das damit, dass die Stadt keine Glamour-Szene hat.[125]

Da ein großer Teil der Konsumenten des Segmentes seine Luxuseinkäufe mit Krediten finanziert hat und derzeit keinen Zugang zu dieser finanziellen Quelle hat, erholt sich der Luxusmarkt in Krasnojarsk nach der Krise sehr langsam. Seit 2009 verringert sich allmählich die Zahl der Ladengeschäfte. Auch Escada und Bally haben 2009 diesen Standort verlassen.

Jekaterinburg: In Jekaterinburg zählen ca. zwei bis drei Prozent der Bevölkerung zur Luxus-Konsumenten-Schicht, d.h. nicht mehr als 25.000 bis 30.000 Personen[126]. Hier sind solche namhaften Luxusmarkenanbieter wie Louis Vuitton, Chanel und Hermes vertreten. Die Luxus- Boutiquen von Cartier, Dior, Van Cleef & Arpels, Piaget, Fendi zeigen Ihre Präsenz im Einkaufszentrum "Galerie".

Bosco di Ciliegi vertritt in Jekaterinburg u.a. namhafte Marken wie Omega, ETRO, Hugo Boss und Armani Collezioni. Alle seine Geschäfte befinden sich im Einkaufszentrum "Europa". Ebenso findet man da: Van Laack, Luciano Padovan, Glamour Optik, Baldinini, Laucar und andere. Dieses Einkaufszentrum basiert auf dem Konzept: „Demokratische- und Luxus-Fashion unter einem Dach". Die Praxis erwies die Lebensfähigkeit dieser Idee.

6.5 Der russische Luxus-Konsument

Alle Marktsegmente und nicht zuletzt das Retail-Management sind durch einen wichtigen Faktor vereint: die Zielgruppe, die aus den Konsumenten der Luxusgüter besteht. Da das Wissen um die Luxuskonsumenten bei der Erarbeitung des strategischen Retail-Konzeptes von zentraler Bedeutung ist, werden im folgenden Kapitel die Zielgruppen des Luxus-Fashion-Segments typisiert und entscheidende Kaufmotive genannt. Hierbei sind die sozia-

---

[125] Vgl. Analytischer Bericht von Fashioner Russian; CFA Market Experts: Der russische Markt der Luxury-Bekleidung und Accessoires, (2009)
[126] Vgl. Samofalowa, O. (2008), vgl. Fashioner, Analyse, 2009;

len Faktoren, wie das Einkommen und der gesellschaftliche Rang des Konsumenten von zentraler Bedeutung. Die Beschreibung des russischen Luxuskonsumenten wird durch die mangelnde Transparenz dieses Marktsegments sehr erschwert. Einige internationale und russische Marketingforschungsinstitute[127] haben jedoch versucht, eine Typisierung des russischen Luxuskonsumenten vorzunehmen.

Nach vielen sowjetischen und postsowjetischen Erfahrungen mit Billigwaren und Fälschungen ist der russische Konsument heute bereit, für eine überzeugende Produktleistung gutes Geld zu bezahlen. „Qualität hat ihren Preis" sagt man in Russland und Qualität wird von russischen Konsumenten in erster Linie von Luxus-Marken erwartet. Die Ursachen liegen in Russlands wechselhafter Geschichte. Weil der Weg vom Glück zum Elend oft so kurz war, ist das Leitmotiv „Lebe heute, weil du nicht weißt, was morgen passiert" zu einem fest verankerten Merkmal der russischen Mentalität geworden. Obwohl die Finanzkrise den russischen Konsumenten vorsichtiger gemacht hat, gilt diese Einstellung auf dem russischen Markt auch heute. Bezugnehmend auf den Bericht der Unternehmensberatung McKinsey „Consumer and Shopper Insights" gibt der russische Konsument 3,1 % seines Einkommens für Kleidung aus, und damit mehr als jedes befragte Land, darunter die Euroländer, China und USA.[128] So ist Russland mit seinen ausgabe- und konsumfreudigen Menschen und mit einem starken Markenbewusstsein ein idealer Absatzmarkt für Luxusgüter.

6.5.1 Sozio-demographische Verteilung

Das durchschnittliche Jahreseinkommen in Russland ist in den vergangenen zehn Jahren beinahe auf das Fünffache gestiegen (von 1.708 auf 10.408 US-Dollar). [129] „Der Konsumgütermarkt erlebt heute in Russland eine sehr positive Entwicklung. Einerseits hält die sinkende Inflationsrate die Produktpreise stabil. […]. Andererseits sind es kontinuierliche Lohnsteigerungen, die die Kaufkraft der russischen Bevölkerung erhöhen. Im Jahr 2010 verdienten rund 19 % der Bevölkerung monatlich 25.000 Rubel (rund 570 Euro) oder mehr.

---

[127] Vgl. Quans Research (2008); vgl. Swiss Business Hub Russia, 2007, Russian Luxury Goods Market; vgl. Swiss Business Hub Russia, 2007, Russian Luxury Goods Market
[128] Sukharevsky, A. / Magnus K.-H. (2011)
[129] Vgl. Rosstat (2)

Doch in Russland ist die Einkommensschere sehr groß. Im gleichen Jahr hatten 37 % der Bevölkerung nur 10.000 Rubel (circa 270 Euro) oder weniger für ihren Lebensunterhalt zur Verfügung."[130] Die bereits großen Einkommensunterschiede dürften in Russland weiter zunehmen, da die hohen Einkommenskategorien weiterhin mit einem viel dynamischeren Einkommenswachstum rechnen können als die niedrigen.

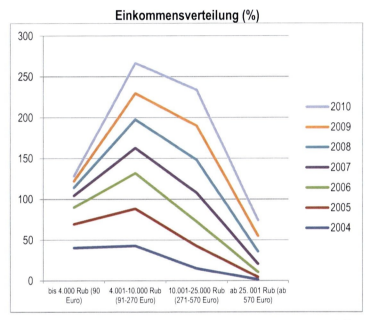

Abbildung 10, Einkommensverteilung[131]

Laut den Experten im World Wealth Report (2010), profitierte Russland in den letzten Jahren stark von hohen Rohstoffpreisen. Die aktuelle Forbes-Veröffentlichung gibt für das Berichtsjahr 2011 bekannt, dass „die Hauptstadt der Superreichen nicht mehr New York, sondern Moskau mit 79 Milliardären"[132] ist. Tendenz steigend. „Noch lebt jeder 3. Milliardär in den U.S.A. aber China mit 115 und Russland mit 101 Superreichen holen kräftig auf."[133].

---

[130] Schenk, C., KPMG (2011)
[131] Vgl. Rosstat (2)
[132] Vgl. o.V. Milliardäre unter sich, Forbes-Liste, http://www.news.de/wirtschaft/855140598/nie-gab-es-mehr-milliardaere/1/
[133] Ebenda

„Elite" (Superreiche): Zur „Elite" gehören in Russland, der Studie des Markt Research Unternehmens Quans (2008) zufolge, ungefähr 153.000 Personen mit einem durchschnittlichen Monatseinkommen ab 28.000,- USD pro Familienmitglied. Als Durchschnittszahl der Familienmitglieder wurde die Zahl 2,75 festgelegt. Laut Quans Research – Angaben belief im Jahr 2007 der durchschnittliche Jahresaufwand für Luxuskonsum der „Elite" auf ca. 124.161 USD / pro Person.[134] Die Mehrheit der Repräsentanten der russischen "Elite" (81 %) sind Unternehmer, 12 % sind Führungskräfte der führenden Unternehmen und 7 % dieser Schicht sind in anderen Segmenten beschäftigt, und teilweise gehören sie zur politischen Führung des Landes.[135]

Zu deren Erwerbsobjekten zählt man hochwertige Immobilien, Yachten, Geschäftsflugzeuge, Exklusiv-Autos, Kunstgegenstände und Schmuck. Ihre Konsumgewohnheiten sind auf das Beste fixiert. Wenn sie Autos kaufen, sind es Luxus-Marken. Wenn sie essen, ist nicht nur die Qualität wichtig, sondern auch das Ambiente. Wenn sie Kleidung kaufen, muss diese nicht nur von hoher Qualität sein, sondern auch vom bekannten Modeschöpfer. Für sie gilt: „Das Beste ist gut genug."[136]

Zur Gruppe der kaufkräftigen Luxuskonsumenten gehören außerdem die Gruppen der „Massenelite" und „Pseudoelite".

Vermögensverteilung der Elite-Schicht (2008)[137]:

Kategorie:	Anzahl an der ges. Bevölkerung (abs.)	Anteil an der ges. Bevölkerung (in %)	durchschnitt. Realeinkommen USD/Mo/ Person	Anteil am ges. Vermögen (%)	Anz. der gesamten Haushalte
Pseudoelite	5 Mio.	4	2.000,- bis 3.000,-	12	1,82 Mio.
Massenelite (Reiche)	1,2 Mio.	0,9	6.500,-	11	436.000
Elite (Superreiche)	153.000	0,1	28.000,-	9	55.000

Tabelle 6, Quelle: Eigene Darstellung, In Anlehnung an Quans Research[138]

---

[134] Vgl. Quans Research (2008)
[135] Vgl. Quans Research (2008)
[136] Ebenda
[137] Ebenda
[138] Vgl. Quans Research (2008), vgl. Swiss Business Hub Russia, 2007, Russian Luxury Goods Market;

Das aktuell existierende politisch-wirtschaftliche System in Russland hat auch einer aufstrebenden Mittelschicht ermöglicht, sich dieser Gruppe anzuschließen. Diese kaufwillige Konsumentenschicht wird als „**Emerging Consumer**"[139] (oder auch „Super Consumer") bezeichnet. „Mit diesem neu geschaffenen Begriff bezeichnen Experten die gehobene Mittelschicht, die nicht zu den explizit Reichen gehört: Manager der zweiten Führungsebene, Vertreter des öffentlichen Dienstes in leitender oder gehobener Position und Freiberufler wie Ärzte und Anwälte. [140]

Während im Jahr 2010 der Anteil der Mittelschicht am weltweiten Luxusumsatz 30 %[141] betrug, verantwortete die kleinere, aber finanzstärkere Fraktion der „Super Consumer" 24 %[142] der globalen Luxusumsätze. Rund 55 % ihres Luxusbudgets geben sie dafür aus. Die „Super Consumer" repräsentieren maximal 10 % der arbeitenden Bevölkerung, das entspricht 10 Millionen Menschen in ganz Russland. Dieser Teil der Mittelschicht ist jedoch überproportional stark in Moskau angesiedelt. Im Großraum Moskau leben zirka 1,5 bis 2 Millionen „Super Consumer" schätzt der Sozialforscher Yevgeniy Gontmacher vom Wirtschaftsinstitut der Russischen Akademie der Wissenschaften."[143]

Dabei schätzt Credit Suisse, dass das verfügbare Einkommen der obengenannten Gruppe in sich stabil ist und bei heutigen Bedingungen weiterhin um rund 10 % pro Jahr zunehmen wird. Zugleich wächst die Bereitschaft dieser Schicht, das erwirtschaftete Geld auszugeben, denn proportional steigt auch ihr Konsumbedürfnis. Dabei findet bei den „Super Consumer" die anhaltende Verlagerung hin zu Gütern des gehobenen Bedarfs statt. Der Studie zufolge stagniert schon bei einem durchschnittlichen Monatseinkommen von USD 1.000 die Nachfrage nach den Gütern des täglichen Bedarfs zugunsten von Gütern des gehobenen Bedarfs.[144]

---

[139] Bellaiche, J.-M. / Mei-Pochtler, A./ Hanisch, D. The New World of Luxury, (2010)
[140] o.V., Russland: Krise im früheren Eldorado der deutschen Bekleidungsexporteure (2009)
[141] Vgl. Bellaiche, J.-M. / Mei-Pochtler, A. / Hanisch, D. The New World of Luxury, (2010)
[142] Ebenda
[143] o.V., Russland: Krise im früheren Eldorado der deutschen Bekleidungsexporteure (2009)
[144] Vgl. Credit-Suisse Studie: „Emerging Consumer Survey 2011"

Was das Alter der Luxuskonsumenten-Gruppe betrifft, teilt der Generaldirektor von De Luxe Alliance[145], die Luxuskonsumenten in Russland in folgende Altersklassen ein: "4 % der Konsumenten sind jünger als 30 Jahre alt, 29% sind 30 bis 40, 32% sind 40 bis 50 und 35% sind über 50 Jahre." [146]

6.5.2 Typologie und Motivation des russischen Luxus-Konsumenten

Wegen einer der wichtigen Eigenschaften des Luxus-Gutes, nämlich seiner Nicht-Lebensnotwendigkeit, spielt das Verständnis des Kaufmotives eine besondere Rolle: Was veranlasst die Luxus-Konsumenten eine Unmenge an Geld auszugeben, um ein begehrtes Luxusprodukt in Besitz zu nehmen. Die Psychologie des Konsumenten im Rahmen des Verbrauchs von Luxusgütern ist komplex und wird durch viele Faktoren beeinflusst. Ein Verständnis dieser Faktoren ermöglicht es den Luxusmarkenanbietern, geeignete effektive Marketingaktivitäten zu planen. Nach Wiedmann, Hennigs und Siebels, ist Luxus "a subjective and multidimensional construct". Demnach richten sich die Motive des Luxuskonsums nach Außen (Demonstration, Snobismus oder Status) oder nach Innen (Hedonismus, Perfektionismus). Darüber hinaus müssen die situativen und kulturellen Motive des Konsums berücksichtigt werden.[147]

"Wir sind nicht reich genug, um billige Sachen zu kaufen."- sagt man in Russland. Da der Kauf von Luxus-Waren für den russischen Konsumenten eine Frage des Prestiges, des Sonderstatus' ist und ein Zeichen für die soziale Hervorhebung seines Besitzers mit sich trägt, so bietet der russische Luxus-Konsument ein treffendes Beispiel für den Begriff des demonstrativen Konsums. Diesen Begriff formulierte 1958 der Ökonom Thorsten Veblen in seinem Werk „Theorie der feinen Leute". Für ausgeprägtes demonstratives Verhalten gibt es eine Reihe von Erklärungen.

Erstens: Weil der Reichtum des russischen Luxuskonsumenten erst in den letzten Jahrzehnten entstanden ist, man nennt sie auch die "Neureichen", gibt es in Russland keine Tradition des Finanzmanagements von solchen Millionen-Vermögen. Dies bringt mit sich das Phä-

---

[145] zur Info: =Katalog der Luxus-Waren mit einem Mindestpreis von 1 Mio. USD
[146] Vgl. Russian Luxury Forum, Millionaire Fair 2006, http://www.gazeta.ru/2005/09/28/oa_172319.shtml
[147] Vgl. Wiedmann, K.-P. / Hennigs, N. & Siebels (2007), S. 393 -395

nomen des „plötzlichen Reichtums-Syndroms"[148] oder "Konsumismus"[149] mit sich und das Problem des plötzlichen Sprungs in eine andere soziale Klasse, jedoch ohne Erfahrung, wie man mit dem Reichtum lebt. Die Folgen dieser Phänomene und Veränderungen für den Luxus-Markt sind tiefgreifend. Die Luxusmarkenanbieter mussten sich dem neuen Konsumententyp anpassen. Das bedeutet, ihr Bewusstsein, ihre Wertschätzung, ihr Wissen musste neu erkundet werden. Dafür musste man Wissen über den Konsumenten, sein Kaufverhalten, seine Entscheidungsfindung, einschließlich Shopping-Gewohnheiten (Preis, Funktionalität, Qualität) beschaffen und seine Service-Erwartungen erforschen.[150]

Ein weiterer wichtiger Einflussfaktor besteht darin, dass der russische Luxus-Konsument der mittleren Altersklasse, der zu einer postsowjetischen Generation gehört, in der Zeit des totalen Güter-Mangels aufwuchs und keinen freien Zugang zu Informationen über den Rest der Welt hatte. In dieser Konsumentengruppe sind der übertriebene Konsum und der Wunsch, sich darzustellen, eine natürliche psychologische Reaktion. Gleichzeitig möchte man beweisen, dass man einen entsprechenden finanziellen Status erreicht hat und modebewusst ist.

Des Weiteren ist auch der Bandwaggon-Effekt zu erwähnen: „Demnach wird die Nachfrage eines Gutes durch die Tatsache gesteigert, dass andere Individuen das Gut konsumieren, was zu einer positiven Korrelation zwischen dem eigenen Verbrauch und dem Verbrauch der Referenzgruppe führt".[151] Im Wesentlichen ist der russische Luxuskonsument leicht durch die öffentliche Meinung zu beeinflussen. Für ihn spielt eine große Rolle, dass das Produkt seiner Wahl von anderen anerkannt und begehrt wird. Um die Luxus-Modetrends zu bestimmen, werden häufig Interviews mit prominenten Persönlichkeiten geführt, die ihre Konsum-Vorlieben zum Ausdruck bringen. Allerdings ist der Einfluss von Hochglanzmagazinen auf das VIP-Publikum nur bis zu einem gewissen Grad wirksam – denn das Vertrauen zu diesen Werbemaßnahmen ist bei der Zielgruppe allgemein gering. Dies unterscheidet russische Luxuskonsumenten von den westlichen Konsumenten, die glamouröse

---

[148] Economist (2001), 'A survey o the rich: The new wealth o nations', June 16
[149] Ebenda
[150] Ebenda
[151] Vgl. Leibenstein, H. (1950): Bandwagon, Snob and Veblen effects, S. 189, in Quarterly Journal of Economics, No.2, May 1950, Vol. LXIV, in: Mahrdt, N., Krisch, M. (2010): Electronic Fashion, Gabler, Verlag /Springer, Wiesbaden GmbH 2010, S. 35

Informationsquellen oft als Anleitung für die Herausbildung eines bestimmten Lebensstils nutzen.

Unter den irrationalen Motivationstypen sind folgende Motive zu erwähnen: "Individual Dimension of Luxury Value Perception"[152]- Hedonistische Motive, wie Freude, Vergnügen, Status, Prestige und Exklusivität fühlen wir emotional. Die Sinnesorgane verbinden uns mit der Außenwelt und lösen positive oder negative Emotionen aus.

„Social Dimension of Luxury Value Perception"[153]- Soziale Motivation ist kompliziert zu beschreiben. Gezielt zahlen die Luxus-Konsumenten zum Beispiel für einen bestimmten "Charakter", um die Markeneigenschaften auf die eigene Persönlichkeit zu übertragen und somit ihr Selbstkonzept zu festigen."[154] Die tatsächliche soziale Situation dieser Konsumenten ist oft sehr weit vom „gespielten" Ideal entfernt.

6.5.3 Die Besonderheiten des Kaufverhaltens in Russland

Das Verhalten der russischen Konsumenten ist entscheidend von der Entwicklung Russlands geprägt. Der postmaterielle und individuelle Wertewandel hat in Russland kaum stattgefunden. Um den russischen Konsumenten besser zu verstehen, muss man sich bewusst machen, dass die russische Gesellschaft noch stark von traditionellen Grundorientierungen geprägt ist. Deswegen ist bei der Erarbeitung der Marketing- und Retail-Konzeption für den russischen Markt die Berücksichtigung der folgenden Besonderheiten des Konsumentenverhaltens von großer Bedeutung:

Hierarchie: „In Russland werden die Hierarchien nach außen gelebt, die Mächtigeren sind mit Privilegien ausgestattet, die Macht konzentriert sich in wenigen Händen, und diese Machtverteilung wird als die Voraussetzung für die Ordnung akzeptiert und sogar ge-

---

[152] Wiedmann, K.-P., Hennigs, N., & Siebels, A. (2007), S. 393 -395
[153] Ebenda
[154] Grubb, E / Grathwohl, H. (1967), S.22 ff.

wünscht."[155] Dies führt dazu, dass die Status- und Außenorientierung in Russland ausgeprägt und dominant ist.[156]

Individualismus/ Kollektivismus: Soziale Integration ist wichtiger als Individualismus. Die Personengebundenheit und die hohe Bedeutung der zwischenmenschlichen Beziehungen prägen private und geschäftliche Verhältnisse. Individualismus ist wenig ausgeprägt. Immer noch herrscht in der Gesellschaft ein tiefverwurzeltes „Wir-Gefühl". So spielt die soziale Integration für die russischen Konsumenten eine viel wichtigere Rolle als eine individuelle Abgrenzung[157]. „Selbst wenn man sich von der Masse abzuheben versucht, wird in gewohnter russischer Gemeinschaftsorientierung die soziale Akzeptanz nie aus den Augen verloren."[158]

Unsicherheitsvermeidung: Aus der geschichtsverbundenen Erfahrung ist das Leben in Russland durch einen hohen Grad an Unsicherheit geprägt. Diese Erfahrungen haben in der russischen Gesellschaft ein Misstrauen angelegt. So auch haben russische Verbraucher zahlreiche negative Erfahrungen mit minderwertigen Produkten oder Plagiaten gesammelt.

Feminität / Maskulinität: In Russland herrscht ein hohe Ausprägungsgrad der klassischen Geschlechterrollenverteilung zwischen Mann und Frau.

Preisbewusstsein vs. Sparsamkeit: Das Beste ist für Russen gerade gut genug. Die Mentalität des russischen Konsumenten ist durch Kurzzeitorientierung geprägt. Aufgrund der unsicheren Situation erscheint das Sparen für die meisten Russen wenig aussichtsreich.[159] So kaufen nicht selten auch nichttypische Luxus-Konsumenten die begehrten Marken. Für sie ist dann auch nicht wichtig, dass der Kauf eventuell mehr als die Hälfte ihres Monatseinkommens gekostet hat oder sogar dafür einige Monate gespart wurde. Der berühmte Kaufrausch der russischen Konsumenten ist den weltberühmten Modehäusern gut bekannt. Seit geraumer Zeit richten die renommierten Modehäuser, wie Chanel, Gucci u.a. ihre Kollektionen nach russischem Geschmack aus. Im Jahr 2009 verriet Karl Lagerfeld bei der „MDA Kollektion" von Chanel, die unter dem Motto „Paris-Moskau" stand: „dass russi-

---

[155] Rösch, O., 2005, S. 3-4.
[156] Vgl. F.A.Z.-Institut für Management-, Markt- und Medieninformationen, 2006, S. 40
[157] de Mooij, M., 2004, S. 100
[158] Vgl. Schmid, S., 2004, S. 53
[159] Vgl. Bruce, A./ Glubovskaya, V., 2008, S. 27

sche Kundinnen manchmal 30 bis 35 Chanel-Teile pro Saison kaufen. Für sie gibt es nun Schuhe mit Absätzen in Form von Zwiebeltürmen, Taschen, wie Faberge-Eier, strenge Sowjetunion-kostüme, opulente Mäntel in Rot-gold und Kosakenhosen"[160].

Das Prestige hat einen sehr hohen Stellenwert.[161] Als ein Signalmittel zur Übermittlung von hohem Status wird oft der Preis der gekauften Luxusgüter angesehen. Die russischen Luxuskonsumenten demonstrieren durch den Kauf der Luxusgüter ihren sozialen Status. Der Wohlstand wird in Russland nach Außen gelebt und überbetont, was sich durch einfache Botschaften ausdrücken lässt. Hofstede gibt den Hinweis, dass in Russland ein „sozialer Druck zum Geldausgeben" besteht.[162]

Qualitätsbewusstsein: „Produktqualität stellt ein wichtiges Kaufkriterium dar, das für viele Russen mit Preis, Herkunftsland und Werbeumfang korreliert."[163] Für russische Kunden ist mittlerweile nicht nur der Preis, sondern auch Qualität einer Luxusware wichtig. Ferner muss es sich um die neueste Kollektion handeln.

Markenbewusstsein: In seinem kollektivistischen Denken schätzt der russische Konsument die Meinung der Öffentlichkeit. Die Luxusmarken dienen in dem Fall als Statussymbole und als die Demonstration des eigenen Wohlstandes. Die Reputation einer Luxusmarke gibt dem Konsumenten eine gewisse Sicherheit, dass das Produkt eine gute Qualität aufweist.

Die Werbung spielt auf dem russischen Markt, im Vergleich zu dem westlichen Markt, eine größere Rolle. Der Hintergrund dafür ist das Fehlen der Produkt-Werbung auf dem sowjetischen Verkäufermarkt. So war für den russischen Konsumenten beispielsweise TV-Werbung nach der Wendezeit das Fenster in die große Welt. Aus dieser Werbung erfuhr der Konsument, was zum ersehnten westlichen Standard gehörte. Im Laufe der Jahre ist das Geheimnis vom paradiesischen Westen etwas verblasst. „Der Westen gilt nach wie vor als Vorbild für die eigene Entwicklung, dennoch wurde die Wahrnehmung differenzierter. […] Die Kritik am Westen wird dabei oft mit der Einzigartigkeit der Russischen Kultur ver-

---

[160] Gathmann, M. (2009)
[161] Vgl. Bruce, A./Glubovskaya, V., 2008, S. 27
[162] Hofstede, G., 2006, S. 295
[163] Vgl. Bruce, A. / Glubovskaya, V., 2008, S. 28

knüpft. Zunehmend wird die Differenz zwischen Russland und dem Westen nicht mehr als defizitäres Gefälle thematisiert, sondern als Andersartigkeit, auf die man stolz sein kann."[164] Ein gewisser russischer <u>Patriotismus</u> setzt sich in den letzten Jahren in der Werbung durch. Der russische Konsument erwartet jetzt von der Werbung eine Berücksichtigung der russischen Besonderheiten. Das führt unter anderem dazu, dass Ausschnitte beliebter sowjetischer Filme oder populäre Melodien heute oft zu den Werbekampagnen dazugehören.

Dabei muss man berücksichtigen, dass freizügige Werbung in Russland keinen Erfolg hat. Vielmehr wird von Werbebildern erwartet, dass sie Ideale aufrecht halten. Der russische Konsument, will in der Werbung eine Vision für das bessere Leben wiederfinden, oder er will den Alltag zumindest vergessen können. Die Werbung mit Witz und Ironie ist besonders beliebt.

Der russische Konsument ist <u>abenteuerlustig</u>. Das zeigt seine überdurchschnittliche Bereitschaft, bei Angeboten junger Designer zuzugreifen. Eine Eigenschaft, die einige Unternehmen veranlasst, große russische Städte für Experimente mit Produktneuheiten zu nutzen.

---

[164] Schmid, S. (2004), S. 27 ff.

7. Fashion-Retailing im Luxus-Segment in Russland

Wenn wir eine Luxusboutique betreten, werden wir in die Welt der Luxus-Marken verlockt. Die Wahrnehmung des Luxus´ wird in hohem Maße durch Lebensstil, Gewohnheiten, soziales Umfeld und natürlich den Luxus-Hersteller und den Retailer beeinflusst.[165] Luxus erinnert uns an einen außergewöhnlichen, unerreichbaren Traum, der für die meisten, die sich außerhalb der Zielgruppe des Luxus-Segments befinden, auch unerreichbar bleibt. Eine Luxusmarke hat eine bestimmte sensorische Welt in sich. Ein Zusammenspiel von Ethik - und Ästhetik.[166] Diese Synthese wirkt sensorisch auf den Kunden und teilt ihm bestimmte Emotionen mit. Dieser Austausch findet durch die Verkaufsfläche, das Design, Merchandising, Werbung und Qualität des Kundenservice statt. Aus diesem Grund spielt die Wahl des Ambientes, wo die Luxusmarke dem Konsumenten angeboten wird, eine Schlüsselrolle.

7.1 Russlands Position im internationalen Retail

2012 hat das Immobilienberatungsunternehmen CB Richard Ellis (CBRE) seinen jährlichen Bericht „How Global is the Business of Retail" veröffentlicht. Demzufolge bestimmen die Luxusmarken der Fashionindustrie die globale Expansion im Retailing.[167] Allein im vergangenen Jahr hat sich das Luxus-Segment mit einem Anteil von 23 % an neuen Filialeröffnungen als der weltweit stärkste expandierende Bereich gezeigt. „Trotz der Finanz- und Wirtschaftskrise hat sich die globale Expansion im Luxussegment weiter fortgesetzt. Dabei ist die Mehrheit der Marken bereits in den relevanten Regionen vertreten. Im Durchschnitt operieren die Anbieter von Luxusartikeln in 25 Ländern und 50 Städten weltweit und verfügen damit über die stärkste, globale Präsenz im gesamten Retail."[168]

Dem Bericht zufolge befindet sich aktuell die Präsenz der internationalen Retailer in Russland mit dem Anteil von 44,5 % auf dem 8. Platz. Moskau steht mit 43,2 % Anteil der internationalen Retailer auf dem 4. Platz. Nach Angaben des Unternehmens führt im Jahr 2012 London die Rangliste mit 55,5 % der Retailer an, gefolgt von Dubai mit 53,8 % und

---

[165] Seringhaus, F.H.R., Interkulturelle Erforschung der globalen Marken und das Internet (2002), 18Th IMP-Jahrestagung, Groupe ESC Dijon Bourgogne, School of Business und Wirtschaft, Frankreich
[166] Vgl. Roux, Elyette; J-M Floch (1996), S.15-23
[167] Vgl. Studie: World Luxury Association, CBRE.
[168] Vgl. Studie: World Luxury Association, CBRE

New York mit 43,9 %. Dabei befindet sich Moskau im Luxus-Segment mit dem Anteil von 72 % auf dem vierten Platz.[169]

Rang 2012	Stadt	%, Retail Luxus-Fashion	%, Retail Fashion
1	Hong Kong, Hong Kong	86,0 %	40,5 %
=2	Dubai, Vereinigte Arabische Emirate	82,0 %	53,8 %
=2	London, Großbritannien	82,0 %	55,5 %
=4	Moscow, Russia	72,0 %	43,2 %
=4	New York, USA	72,0 %	43,9 %

Tabelle 7, Retail – Ranking, 2012[170]

7.2 Dynamik des Fashion-Retailing im Luxus-Segment

Bain & Company stellte in seiner Studie[171] von 2011 fest, dass Warenhäuser und inhabergeführte Luxusgeschäfte in Russland ein zweistelliges Umsatzplus im Vergleich zu 2010 verzeichneten. Darüber hinaus sind umfangreiche Bestellungen für die Herbst-/Winter 2012-Saison getätigt und Lagerbestände aufgefüllt worden. Auch die im Rahmen der Studie befragten Retailer äußerten ein hohes Maß an Hoffnung, dass die Konsumenten weiterhin in die Läden kommen werden mit dem gleichen Einkaufswillen, der vor der globalen Finanzkrise verzeichnet werden konnte. Dies macht sicher Russland und insbesondere Moskau, wo 80% des Marktes konzentriert ist, in den Augen der Luxus-Produzenten und der Luxus-Retailer zu einem viel versprechenden Land. Heute ist Moskau eine der angesagtesten Städte Europas mit Retail-Kanälen aller Art.

In Bezug auf die Retail-Flächen sind die Bedingungen in Moskau immer noch denjenigen der meisten europäischen Hauptstädte unterlegen. Obwohl eine Vielzahl an großen Handelsflächen demnächst in Russland zur Eröffnung ansteht, ist dieses Segment in Russland stark unterentwickelt - nur noch 3.500 qm Verkaufsfläche pro 100.000 Personen. Dies liegt deutlich unter dem Niveau anderer europäischer Hauptstädte mit ähnlicher Kaufkraft und entspricht beispielsweise nur 10 % der heutigen Situation in USA. Insbesondere hochwertige Flächen bleiben ein Engpass. Wegen der Engpässe beim Angebot an modernen Handels-

---
[169] Ebenda
[170] Vgl. Ebenda
[171] Vgl. Ebenda

flächen gehen einige Retailer aktuell dazu über, selbst Grundstücke zu erschließen und zu bebauen, berichtete die Zeitung Vedomosti.[172]

Eine Herausforderung für die führende Position Moskaus als Luxus-Shopping-Destination stellt die zweitgrößte Stadt in Russland, St. Petersburg, dar. So ist für den Sommer 2012 die Eröffnung eines großen neu restaurierten Luxus-Einkaufszentrums DLT (Dom Leningradskoi Torgovly) geplant. Das Projekt wird unter der Leitung des russischen Retail-Unternehmens Mercury geführt. Auf einer Fläche von 33.240 qm werden bei DLT mehrere internationale Luxus-Unternehmen mit ihren Monobrand-Stores vertreten sein.[173] Auch das Four Seasons Hotel in St.Petersburg, dessen Eröffnung für Mai 2012 geplant wurde, verfügt über luxuriöse Retail-Flächen. Unter den Luxus-Retailern mit bereits unterzeichneten Mietverträgen sind auch Stefano Ricci und Brioni.[174]

Neben den Metropolen Moskau und St.Petersburg erblühen Regionen wie Sotschi am Schwarzen Meer, wo das "Luxury Village" gebaut wird. Auch weitere russische Großstadt-Regionen rücken verstärkt in den Fokus der Developer und Handelskonzerne.

Colliers International rechnete für 2011 „mit einem Fertigstellungsvolumen von 1 Mio. qm Handelsflächen im Großraum Moskau. Das wäre zwar etwas mehr als in den vergangenen zwei Jahren (2009: 0,9 Mio. qm; 2010: 0,96 Mio. qm). Dennoch handelt es sich dabei fast ausschließlich um Projekte, die bereits vor der Finanzkrise geplant waren. Dazu gehört zum Beispiel die Afimall City im Wolkenkratzerviertel "Moscow-City" mit 400 Läden auf 100.000 qm Handelsfläche."[175] Bis Ende 2012 kündigt Jones Lang LaSalle russlandweit den Neubau von 3 Mio. qm Handelsflächen an. Allerdings warnen Experten, dass einige russische Städte wie St. Petersburg, Krasnodar, Kasan oder Krasnojarsk mit modernen Einkaufszentren weitgehend gesättigt sind und kaum noch zusätzliche Flächen verkraften könnten.[176]

---

[172] Schulze, G., 14.02.2012, In Moskau wird der Platz für neue Einkaufszentren knapp, http://www.gtai.de/GTAI/Navigation/DE/Trade/maerkte,did=74702.html, Zugriff: am 1.05.2012
Jones Lang LaSalle 2011, Real Estate Astera, www.asteragroup.ru
[173] Vgl. Real Estate Astera, www.asteragroup.ru
[174] Vgl. Real Estate Astera, www.asteragroup.ru
[175] Vgl. Schulze, G. (2011)]
Vgl. Jones Lang LaSalle (2011)
[176] Vgl. Schulze, G. (2011)

7.3 Fashion-Retail-Kanäle im Luxus-Segment

In der russischen Fashion-Welt entwickelten sich nach dem Zusammenbruch der kommunistischen Einheitskultur immer mehr Styling-Oasen. Als einer der ersten westlichen Designer eröffnete Gianni Versace 1992 auf dem Kuzneckij Most in Moskau eine Luxus-Fashion-Boutique, die enormen Erfolg bei der neureichen Kundschaft hatte. Die anderen Luxus-Modehäuser ließen nicht lange auf sich warten.[177]

Die Entwicklung der Distribution in Russland ist durch eine wachsende Kanalvielfalt geprägt. Die Distributionsstrategie der Luxusmarkenbetreiber basiert auf dem Aufbau einer Systemmarke und schließt folgende Stufen ein:

- Auf der ersten Stufe der Markterschließung werden die Fashion-Kollektionen in den Elite-Einkaufszentren oder Luxus-Kaufhäusern vertrieben. Die Organisation und Belieferung werden durch einen russischen System-Betreiber ausgeführt.
- Die Flagship-Stores, die der Unterstützung der Marktpräsenz dienen, werden in der zweiten Stufe in den gehobenen Standorten angesiedelt und durch den Luxus-Marken-Betreiber stark kontrolliert.
- Anschließend werden diffuse Brands durch unterschiedliche Retail-Kanäle eingeführt und auch in den regionalen Hauptstädten vertrieben.[178]

Luxus-Retail-Formate sind heute in jeder der sieben föderalen Bezirke der Russischen Föderation, jedoch überwiegend im europäischen Teil Russlands, vertreten. Eine besondere Verbreitung fanden in Russland hochwertige Boutiquen in den Einkaufsstraßen und unterschiedliche Store-Formate in großen Einkaufzentren oder Warenhäusern. Dabei steht fest, dass in Zentralen und Süd-Föderalen Bezirken 62 % der Luxusmarken-Retailer in Einkaufzentren vertreten sind.

Die Luxus-Retailer der Ural- und Sibirien-Bezirke siedeln ihre Boutiquen vorzugsweise im Street Retail an. Im Nordwesten, Wolga- und Fernost- Bezirken eröffnen die Luxusmarken-

---

[177] Vgl. Schmidt, U. (2010)], S.515
[178] Vgl. Andrejeva, A., Ivanova, O. (2005), S. 55-69

Retailer ungefähr den gleichen Anteil an Geschäften wie im Street Retail so auch in den Einkaufszentren und Warenhäusern.[179]

Bei der Lizenz-Vergabe an den russischen Retail-Partner legen die Luxus-Produzenten einen großen Wert auf die strenge Wahrung der Identität der Luxus-Marke. Dabei wird eine starke interne Kontrolle auf der Retail-Stufe ausgeübt.
Für die Boutiquen brauchen die Luxus-Fashion-Anbieter üblicherweise nicht viel Platz und sind schon mit Handelsflächen von 30 bis 200 qm zufrieden. Je kleiner die Handelsflächen sind, desto wichtiger wird die Konzentration des Angebots. Je größer die Handelsflächen sind, desto wichtiger ist es, das Angebot mit weiteren Dienstleistungen, Unterhaltungsmöglichkeiten oder einem Catering zu erweitern, um auch Mittelschicht-Konsumenten zu locken. Für Luxus-Marken-Shops sind nur erstklassige Objekte geeignet. Sehr beliebt in Moskau sind auch die Boutiquen in oder bei zentral gelegenen First Class- und Luxushotels. Allerdings können sich die Mieten auf bis zu $ 5.000 / m^2 pro Jahr belaufen. Zum Beispiel würde ein 200-qm-Ambiente auf Tverskaya Petrovka neben Stoleshnikov an die $ 50.000 pro Monat kosten.[180]

Was die Mieten angeht, entspannt sich die Situation zur Zeit. Nachdem es im ersten Quartal 2009 zu starken Anpassungen gekommen war und die Höchstmieten um etwa 20 % sanken, blieb in Moskau das Mietpreisniveau weitgehend stabil. Hauptmieter zahlen oft in Rubel, während neue Mietverträge in Dollar oder Euro abgeschlossen werden, mit der Option, die Wechselkursrate zu fixieren. Dabei werden oft in neuen Leasingverträgen umsatzorientierte Mieten vereinbart. Manchmal bieten die Betreiber die Option an, die Miete in neuen Einkaufszentren während der ersten zwei Jahre zu reduzieren („step-up-rent").[181]

---

[179] Vgl. Nikolaev, S. (2010)
vgl. Tschurkina, O. / Matasova, I. (2005)
[180] Vgl. Chicherova, L. (2006)
[181] Vgl. Jones Lang LaSalle, Russian Real Estate, Investment Market (2011)

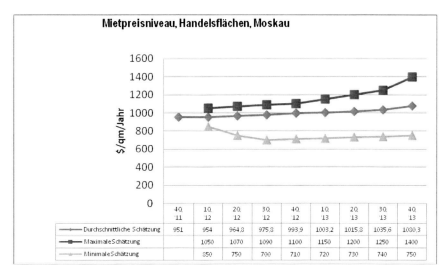

Abbildung 11, Mietpreisniveau, Handelsflächen, Moskau[182]

Abbildung 12, Mietpreisniveau, Street Retail, Moskau (Gartenring)[183]

Während in 2007 die Leerstandsrate in Einkaufszentren in Moskau nahe Null[184] lag, stiegen die Leerstände im zweiten Quartal 2009 auf 8 %[185]. Die Vermietungsquote in den hochwertigen Einkaufszentren blieb zu 100 % erhalten. Weil die Nachfrage bei den hochrangigen

---

[182] Vgl. Jones Lang LaSalle, Russian Real Estate, Investment Market (2011)
[183] Vgl. Jones Lang LaSalle
[184] Vgl. GVA Saweyr ,(2009)
[185] Vgl. Swiss Business Hub Russia, 2007, Russian Luxury Goods Market; Slavina

Einkaufszentren – Europejskiy, Tyoply Stan und Khimki - auch in Krisenzeiten sehr hoch blieb, blieb das Mietpreisniveau auch in den schwierigen Zeiten erhalten. In Einkaufszentren geringerer Qualität traten vermehrt Leerstände zwischen 15 und 20 % auf. Dabei wiesen die neueingeführten moskauischen Einkaufszentren mit relativ guten Konzepten - Spektr, Vremena Goda, RIO Grand - hohe Leerstände auf, da es eine Nachfragelücke unter den neuen Händlern gab.[186]

In St. Petersburg liegt die Leerstandsquote der Einkaufszentren laut Jones Lang LaSalle derzeit bei 7 %. Dabei wurden 159.000 qm neuer Flächen im Jahr 2010 fertig gestellt. Bis 2012 sollen in St. Petersburg weitere 250.000 qm hinzukommen. Auf 1.000 Einwohner in St. Petersburg kommen derzeit 318 qm moderner Handelsfläche, also deutlich mehr als in Moskau.[187]

Eine große Rolle im Luxus-Retail spielt die Auswahl des Standortes. In Moskau sind die Haupteinkaufsstraßen Stoleshnikov Perekrjostok und Tretiakov Proyezd stark begehrt; in St. Petersburg sind das der Street Retail-Bereich auf dem Neva-Prospekt und auf dem Großen Prospekt.[188] Die Anforderungen, die Luxusmarkenanbieter an Verkaufsflächen stellen, sind eine erstklassige Lage, respektables Umfeld, eine langfristige Vermietungsmöglichkeit und Zahlungstransparenz. Bevorzugt werden Räumlichkeiten in den historischen Gebäuden mit großen Schaufenstern und 5 bis 6 Meter hohen Decken. Dabei dürfen bequeme Parkmöglichkeiten nicht fehlen.

Große Luxus-Marken legen Wert auf Architektur und Design ihrer Filialen. Das moderne Design ist heute ohne Hightech-Beleuchtung nicht denkbar. Eine interessante Lösung bietet das Barviha- Luxury-Dorf. Hier hat der Architekt Yuri Grigoryan (Project Meganom, Erfinder des Beleuchtungskonzepts „Design für Illuminator-Gruppe") mit seinem perfekt abgestimmten„Raum- und Licht-Konzept" schon viele internationale Luxusmarkenanbieter unter das Dach des Luxury-Dorfes gelockt.[189]

---

[186] Vgl. Swiss Business Hub Russia, 2007, Russian Luxury Goods Market;Slavina
[187] Schulze, G., 14.02.2012, In Moskau wird der Platz für neue Einkaufszentren knapp, http://www.gtai.de/GTAI/Navigation/DE/Trade/maerkte,did=74702.html, Zugriff: am 1.05.2012
[188] Vgl. Andrejeva, A., Ivanova, O. (2005), S.55-69
[189] Ebenda

Die internationalen Luxus-Marken legen je nach der Art der Ware Wert auf die Anwesenheit von Mitbewerbern in der Nähe. Tatsächlich gilt es als eine Besonderheit der Luxus-Fashion-Shops, dass sie friedlich miteinander koexistieren können und sich sogar ergänzen, was bei anderen Luxusprodukten schwer vorstellbar ist.

Die aktuelle Situation bei den Retail-Formaten, sieht folgendermaßen aus:

- **Multi-Label-Stores**

Der Multi-Label-Retail rutschte in der Saison 2008/2009 in die Absatzkrise. Erste Probleme zeichneten sich bereits ab, als die Kauflust der Konsumenten noch nicht getrübt war. Viele Modeladen-Besitzer in Moskau und St. Petersburg, aber auch in den regionalen Hauptstädten, hatten Ende 2007 und Anfang 2008 mit einer Kostenexplosion bei den Mieten zu kämpfen. Auch die Löhne und Gehälter der Verkäuferinnen und Verkäufer waren bis dahin auf ein beachtliches Niveau gestiegen. Als dann Ende 2008 die Nachfrage einbrach, mussten viele Läden schließen. "Rund 30% aller Familienunternehmen in Russland haben bankrott angemeldet", sagte Reinhard Döpfer gegenüber Germany Trade and Invest auf der internationalen Modemesse CPM Ende Februar in Moskau.[190]

- **Monolabel-Stores**

Im Gegensatz dazu haben die Monolabel-Ketten und Franchisebetriebe ihr Netz weitgehend ausgebaut.[191] Im Jahr 2010 waren dem Bericht der Consulting Agentur RRG zufolge auf dem russischen Markt 527 Luxus-Monolabel-Stores tätig, davon 513 in Moskau.[192] Dabei muss betont werden, dass das Wachstum der Monolabel-Storesdie Entwicklung des Luxus-Retail in Russland entscheidend geprägt hat. Wie die letzten Entwicklungen zeigen, haben die Monolabel Stores aus den innerstädtischen Einkaufszentren und Hauptgeschäftstraßen die Anbieter des Multi-Label-Retails verdrängt. So stehen in Einkaufszentren 75 % Monolabel-Stores 25% Multi-Label-Stores gegenüber. Im Street Retail lag dabei die Verteilung bei 52% Monolabel-Stores zu 48% Multi-Label-Stores.[193]

---

[190] Hones, B. (2011)
[191] Hones, B. (2011)
[192] http://r-r-g.ru/analytics.php und o.V. Die Krise hat Glamour geschlagen (2010) http://style.rbc.ru/luxury/2010/03/12/111313.shtml
[193] http://cpm-moscow.com/cpm/en/RFRF.html

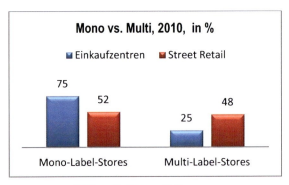

Abbildung 13, Mono vs. Multi

Die Fashion-Boutiquen wie Manolo Blahnik, Ballantyne, Christian Dior, Versace Collection sind im Kaufhaus GUM als Monolabel-Stores vertreten. Valentino und Versace haben sich als Shop-in-Shop-Konzept bei Kaufhaus TSUM präsentiert.[194] Ende Mai bis Anfang Juni 2012 plant Prada die Eröffnung der ersten Flagship-Stores über drei Etagen und einer Fläche von 1.700 qm an der Kreuzung Bolshaja Dmitrowka und Stoleshnikov Pereulok in Moskau.[195] Bis Ende 2012 haben Ralph Lauren, Chanel und Cartier zusätzliche Eröffnungen neuer Monolabel-Stores geplant.

- **Einkaufszentren (Shopping-Malls)**

Bestand und Entwicklung der Einkaufszentren in Russland (Stand: 4. Quartal 2010)[196]

	Russland insgesamt	Moskau	St. Petersburg	sonstige Millionenstädte	andere Städte
Bestand an Einkaufszentren, 1.000 qm	10.267	3.037	1.464	2.788	2.978
Neubaupläne bis Ende 2012, 1.000 qm	2.941	464	250	708	1.520
Fläche in Einkaufszentren pro 1.000 Einwohner, in qm	k.A.	288	318	222	k.A.
Fertigstellung 2010, in 1.000 qm	1.082	391	159	170	362
Anzahl der Einkaufszentren	330	79	44	83	124

Tabelle 8, Quelle: Jones Lang LaSalle

---

[194] Petcu, O. (24.02.2012)
[195] Vgl. Andrejeva, A., Ivanova, O. (2005), S. 55 f.
[196] Schulze, G., 14.02.2012, In Moskau wird der Platz für neue Einkaufszentren knapp, http://www.gtai.de/GTAI/Navigation/DE/Trade/maerkte,did=74702.html, Zugriff: am 1.05.2012

- **Einkaufsstraßen (Street Retail) in Moskau:**

Der Mangel an Verkaufsflächen hat die Entwicklung der neuen Einkaufsstraßen beschleunigt. So ist der Boutique-Korridor zwischen der Bolshaja Dmitrijewka sowie der Rozhdestvenka Straße entstanden. Die bedeutendsten Einkaufsstraßen sind Tretjakow Proyezd, Kuznetsky Most, Petrovka, Kutuzovsky Prospekt, Stoleshnikov Pereulok, Bolshaja Nikitskaya Straße. Die obengenannten Einkaufsstraßen sind folgendermaßen genutzt:
  - Stoleshnikov Pereulok: Burberry, Ungaro, Escada, Christian Dior
  - Tretiakov Proyezd: Ermenegildo Zegna, Giorgio Armani, Brioni, Roberto Cavalli Shops
  - Kuznetsky Most: Gianfranco Ferre und Versace
  - Kutuzovsky Prospekt: Gucci und Prada.[197]

- **Outlet-Stores:**

Outlet-Retail ist in Russland in der Entwicklungsphase. Das Preisbewusstsein der Nachkrisenzeit hat die Developer in Bewegung gesetzt. Wie Fashion House - CEO Neil Thompson betonte, gibt es „in Russland ein Potenzial von 'mindestens 20 auf Basis der Bevölkerungszahl, Markenaffinität und Kaufkraft '". [198]

Das größte Projekt wird seit 2010 verwirklicht. In der Stadt Kotelniki, nahe Moskau soll „Russlands größtes Outlet-Center, das Outlet Village Belaya Dacha entstehen. Auf der gesamten vermietbaren Fläche von 38.000 m² werden mehr als 200 Mieter Platz finden […].Neben Läden sind Restaurants, Cafés und Kinderspielplätze im Outlet-Center vorgesehen. 4000 Parkplätze sollen zur Verfügung stehen. Das Investitionsvolumen wird mit 160 Mil. Dollar (119 Mil. Euro) veranschlagt."[199]

---

[197] Vgl., Chicherova, L. (2006)
[198] Gerzymisch, M., 33 / 2009
[199] Ebenda

Outlet-Stores-Projekte:

	Fläche insg. (m²)	Handels- fläche (m²)	Outlets Anzahl (voraussichtl.)	Ort	Extras	geplante voraussichtliche Eröffnung
Fashion House Moscow	35.580	28.765	192	Moskau Leningrader Chaussee	Parkplätze: 1865 Restaurans, Cafés	2012
Outlet-Center	37000	k.A.	172	im Südwesten von St. Petersburg	k.A.	2012
Outlet-Center	23000	k.A.	k.A.	Nahe Nowosaratowka	k.A.	2012-2014

Tab .9, Quelle: Eigene Darstellung[200]

- **Online-Shops**

Angesichts der relativen Unterentwicklung von traditionellen Geschäften könnte es scheinen, dass die Online-Shops in Russland eine große Bedeutung spielen könnten, um die Lücken zu füllen. Bisher allerdings ist das nicht eingetreten.

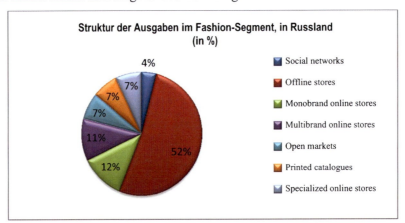

Abbildung 14,Struktur der Ausgaben im Fashion-Segment, in Russland (in %) [201]

Russlands Online-Markt für Bekleidung ist noch im Entwicklungsstadium. Dem McKinsey-Bericht zufolge geben Russen nur etwa 6 $ pro Person pro Jahr für den Online-Kleidungkauf aus, weit unter europäischen Benchmarks. Der globale Online-Fashionmarkt liegt bei etwa 1 Milliarde Dollar. Man nimmt jedoch an, dass wenn Russland den europäi-

---

[200] Gerzymisch, M., 42 / 2010
[201] Vgl. Sukharevsky,A. / Magnus K.-H. (2011)

schen Wachstumsraten entsprechend wachsen würde, könnte bis 2015 die Marke von 9 Mrd. $ erreicht werden.[202]

Dem Online-Shop stehen ernsthafte Hindernisse gegenüber. Gründe dafür sind, dass die Kreditkarten-Nutzung ist noch unterentwickelt ist, Misstrauen der Konsumenten gegenüber Online-Zahlungs-Transaktionen sowieeine schlecht entwickelte Infrastruktur in den meisten Regionen. Ferner spielt auch das Misstrauen der Konsumenten gegenüber dem Online-Plattform-Betreiber eine Rolle - erstens wegen der Plagiate und zweitens wegen des Missbrauchs von persönlichen Daten.

Zwar wächst in Russland die Zahl der PC-Besitzer und Internet-Anschlüsse, und damit sollte auch die online-aggregierte Kaufkraft wachsen; dennoch bleiben die Internet-Nutzer in Russland eher auf der Informations- und Unterhaltungsebene.

Knapp ein Viertel der russischen Internet-Benutzer haben mindestens einen Online-Kauf getätigt, und diese Käufer kaufen etwa 30 % ihrer Kleidung online. Typische Online-Fashion-Shopper sind Menschen der mittleren und unteren Einkommensschicht im Alter von 25 bis 34 Jahren. Sie leben abseits der großen Städte und haben am Ort sehr wenige Einkaufsmöglichkeiten und schätzen die Bequemlichkeit des Online-Kaufes, die breite Auswahl und den Preis. Aber sie sorgen sich um die Rechtzeitigkeit der Lieferung und empfinden den Nachteil, nicht in der Lage zu sein, Kleidung anzuprobieren. Ohne diese Probleme könnten die Online-Shops große Wettbewerbsvorteile haben. Also ist die Aufgabe des Luxusmarkenanbieters, das Misstrauen des Konsumenten so stark abzubauen, dass der Kunde auf dieses Risiko eingeht und ein hochwertiges Luxus-Produkt in einem Online-Shop kauft.

7.4 Modernes Multi-Channel-Retailing im Luxus-Segment

„'Luxusartikel haben ein brillantes Comeback gezeigt, müssen sich aber jetzt den neuen Realitäten und veränderten Kundenbedürfnissen anpassen' ", sagt Branchenexperte Rudolf Pritzl. Anspruchsvollere Kunden oder die zunehmende Verzahnung von On- und Offline-

---

[202] Ebenda

Geschäften veränderten die Luxusgüterindustrie gerade in den aufstrebenden Schwellenländern. 'Vor allem der Service rund um die Produkte müsse weiter ausgebaut werden, um auch in 15 Jahren noch Erfolg zu haben. Dabei spiele gerade die Bindung an Marken eine entscheidende Rolle'."[203]

Die voll integrierten Multi-Channel-Systeme mit einem hohen Integrationsgrad ihrer Absatzkanäle, an denen alle Kanäle gleichberechtigt betrieben werden, finden heute in Russland im Luxus-Segment praktisch kaum statt. Doch wenn Luxusmarkenanbieter in den kommenden Jahren in Russland erfolgreich sein wollen, müssen sie eine zielgruppenorientierte Multi-Channel-Vertriebspolitik etablieren. Man muss Russland strategisch angehen.

7.5 Die wichtigsten Retail-Player im Luxussegment

Nach der Finanzkrise ist das Fashion-Retail-Business anspruchsvoller, der Wettbewerb härter, die Retail-Unternehmen professioneller geworden. In den folgenden Unterkapiteln werden die bedeutendsten Luxusmarken-Betreiber auf dem russischen Markt und ein kurzer Überblick über ihre Strategien vorgestellt.

7.5.1 Die russischen Luxus-Retailer

Beim Eintritt in den russischen Luxus-Markt wurden die meisten Luxusanbieter im ersten Schritt zu einer Zusammenarbeit mit einem russischen Zwischenhändler in Form eines direkten Exports mit einem fremden Distributionsorgan veranlasst.[204] Einige russische Retailer hatten auf diese Weise exklusive Rechte für 30-50 Luxus-Marken in Russland, was fast eine Monopolstellung darstellte.[205] Bis zum Jahr 2009 gab es in Russland kaum ein westliches Luxusunternehmen, das seine Ware aus eigener Kraft exportierte. Die Luxusmarken-Betreiber haben sich nicht getraut, sich mit den korrupten Grenzbeamten einzulassen. Es ist weltbekannt, dass russische Zöllner meist einen Weg finden, die Lieferung zu verzögern. Seinerzeit waren die russischen Franchise-Nehmer bereit, ihre Ware direkt in Italien, Frankreich oder Deutschland abzuholen. Sie bezahlten (gerne auch in bar) und

---
[203] Visser, C. (15.06.2011)
[204] Vgl. Swiss Business Hub Russia, 2007, Russian Luxury Goods Market;
[205] Vgl. Andrejeva, A., Ivanova, O. (2005), S.58

kümmerten sich dann selbst um die ganze Logistik. Die anfallenden Mehrkosten wurden auf den Preis aufgeschlagen, ebenso die hohen Ladenmieten, was dazu führte, dass die Ware bis zu 15-30 % teurer war als in Westeuropa.

Abbildung 15, BIG-Five, Russische Luxus-Retailer, %, 2008
Quelle: in Anlehnung an Fashioner

Das Luxus-Fashion-Segment wird in Russland von den Distributoren Mercury Group, Bosco di Ciliegi, JamilCo, Crocus Group und Podium Fashion Group dominiert. Für alle fünf Luxusmode-Retailer gelten die frühen neunziger Jahre als Beginn ihres Markteintritts. Ihr Erfolg hat gezeigt, dass sie die richtigen Verhandlungsstrategien mit den Luxus- Modehäusern verfolgten. Alle bis auf Podium Fashion Group haben exklusive Distributionsrechte für mehrere Luxus-Marken.[206]

Als Marktführer im Luxus-Retail in Russland gilt die **Mercury Group.** Die Mercury Group wurde als ein Schmuckgeschäft in Moskau gegründet. Heute besteht sie aus mehreren offenen und geschlossenen Aktiengesellschaften. 2002 wurden ihre Gesellschafter Leonid Fridljand und Leonid Strunin von der Zeitschrift „TIME" zu den 25 mächtigsten Personen der globalen Fashion-Branche gezählt. Als 1993 Mercury seinen ersten Luxusshop Trading House Moscow (THM) eröffnete, war es das Ziel, die edelsten Luxus- Marken, wie zum Beispiel Chanel oder Gucci, an sich zu binden und somit eine Nische der bekannten Labels zu besetzen. Heute ist Mercury ein Netzwerk aus vielen Firmen und macht Milliardenumsätze.

---

[206] Vgl. Andrejeva, A., Ivanova, O. (2005), S.59-63

Mercury bevorzugt exklusive Boutiquen im Street Retail an den begehrtesten Standorten Moskaus, wie Kutuzovski Prospekt, Tretyakovski Proyezd oder in Luxus-Hotels (wie beispielweise: Slavianckaja). Das gleiche gilt auch für die Formate in renommierten Einkaufszentren und in großen Warenhäusern. Seit 2002 hält Mercury Kontroll-Beteiligungen an der Luxus-Ladenpassage Tretyakovski Proyezd, am Barviha Luxus Village und am Kaufhaus ZUM in Moskau. Experten schätzen den Wert von TSUM auf ca. $ 160 Mio. Eines der größten Projekte von Mercury ist das „Barviha Luxury Village", was auch als "Village of the Future" bezeichnet wird. Die Mercury Group vertritt seit mehreren Jahren exklusiv: Prada, Armani, Dolce & Gabbana, Tiffany, TOD'S, Ermenegildo Zegna, Gucci, Chanel, Brioni, Jil Sander, John Galliano, Bulgari, Fendi und viele andere.[207]

Zu den strategischen Ansätzen der Mercury Group gehören unter anderem die Infrastruktur-Entwicklung, die Erarbeitung von kreativen und einzigartigen Merchandising-Projekten, die regelmäßige Veröffentlichung einer Korporativ-Zeitschrift unter der Einbeziehung der namhaften internationalen Designer und Photographen. Mercurys Prioritäten liegen in der weiteren Entwicklung von Flagship-Store-Konzepten und der weiteren Erarbeitung einer geschickten Kombination zweier Retail-Formate: der exklusiven Boutiquen und der Fashion-Warenhäuser.[208]

Bosco di Ciliegi dominiert im Luxus-Segment mit „demokratischem" Luxus. Die geschlossene AG „ВЭА ММД" «Ost und West», die unter dem Markennamen Bosco handelt, hat vier Gründer: Michael Kuschnirovitsch, Eugen Balakin, Michael Vlasov und Sergej Evtejew. Bosco vertritt exklusiv eine Reihe von renommierten Luxusmarken[209]. Sehr geschickt arrangiert Bosco die Entwicklung in beiden Retail-Richtungen: Mono- und Multi-Stores. Dabei handelt es sich bei Multi-Stores um eigene Fashion-Marken: Bosco Family, Bosco Sport usw. Bosco di Ciliegi hält Kontrollbeteiligung an dem GUM Luxus-Warenhaus. Den Handelsflächenerwerb plant das Unternehmen weiter zu verfolgen. Das Unternehmen veranstaltet oft Fashion-Shows und ist sehr aktiv im Sponsoring. Um Kunden strategisch langfristig zu binden, setzt Bosco besondere Akzente auf die Familien-Werte. Jede Veran-

---

[207] Vgl. Andrejeva, A., Ivanova, O. (2005), S.55-56; vgl. Gerzymisch, 2008
[208] Vgl. Andrejeva, A., Ivanova, O. (2005), S.62-63
[209] unter anderen: Givenchy, Marina Rinaldi, Nina Ricci, Kenzo, Mandarina Duck, Pomellato

staltung, die durch Bosco di Ciliegi organisiert ist, wird zu einem grandiosen und unvergesslichen Massenfest.[210]

JamilCo ist Distributor und Retailer des Luxus-Fashion- und Schmuck- Segmentes. Im Jahr 1992 wurde JamilCo von der Gesellschaft „East Retail Enterprises Limited" mit Sitz in Nicosia (Zypern) gegründet. Einen Namen hat sich JamilCo mit Casual-Fashion gemacht (Levi´s, NafNaf). Erst später führte JamilCo Luxusmarken in sein Portfolio ein. Derzeit verfolgt JamilCo beide Richtungen. Da sich die Förderungsstrategien des Casual- und Luxussegmentes unterscheiden, wurde JamilCo in 2003 in zwei Gesellschaften geteilt: JamilCo (Luxus-Fashion-Retail) und LVB (Casual-Fashion-Retail). Während die Casual-Fashion nun durch Franchise-Partner in mehreren Regionen Russlands vertrieben wird, findet das Luxus-Retail ausschließlich durch die eigene Retail-Kette nur in Moskau und St. Petersburg statt. Seit mehreren Jahren hat JamilCo eine beachtliche Anzahl von Luxus-Marken in Russland exklusiv vertreten.[211] Zusätzlich besitzt JamilCo zwei eigene Multi-Label-Boutiquen: James[212] und St. James[213]. Aktuell betreibt JamilCo vor allem Mono-Marken-Boutiquen im Street Retail-Format, jedoch ist es auch in Einkaufzentren in „Shop-in-Shop"-Formaten und in Warenhäusern in „Corner"-Formaten vertreten. Im Gegenteil zur Mercury Group und zu Bosco di Ciliegi ist JamilCo in der Förderung und Promotion des eigenen Namens nicht aktiv.[214]

Allerdings erlebt man heute eine neue Tendenz in dem russischen Luxus-Retail-Segment: immer mehr Luxusmarkenanbieter trennen sich von ihren russischen Distributoren, um selbständig das Retailing zu managen.

7.5.2 Die internationalen Luxusmarkenanbieter

Anfang bis Mitte der 90er Jahre war es für internationale Unternehmen üblich, im ersten Schritt mit einem russischen System-Partner auf der vertraglichen Basis zu kooperieren. Da eine eigenständige Marktdurchdringung im russischen Markt mit großen Schwierigkeiten

---

[210] Vgl.Andrejeva, A., Ivanova, O. (2005), S.63-67, vgl. Tschurkina, O., Matasova, I. (2005)
[211] Vertreten u.a.: Burberry, Christian Dior, Escada, Hermès, J. M. Weston, Sonia Rykel, Salvatore Ferragamo usw.
[212] Vertreten u.a.: Yohji Yamamoto, Atsuro Tayama, Issey Miyake, Jil Sander, Azzedine Alaia usw.
[213] Vertreten u.a.: Schedoni, Gieves& Hawkes, John Lobb, Failsworth Hats, SwaineAdeney Brigg, Ceruttiusw.
[214] Vgl.Andrejeva, A., Ivanova, O.(2005), S.63-67, vgl. Tschurkina, O., Matasova, I. (2005)

verbunden war, blieb diese Form der Zusammenarbeit für beide Seiten während einer langen Zeit vorteilhaft. Der Vertrieb über die lokalen Partner war die beste Möglichkeit für den Markteintritt. Die Tatsache, dass die russischen Luxus-Retailer auf diese Weise ein Monopol auf dem Luxusgütermarkt bildeten, störte die internationalen Hersteller nicht, bis ihnen ein lokales Betriebsrisiko bewusst wurde und die Leistungen der Partner immer stärker angezweifelt wurden.

Der Studie „Swiss Business Hub Russia" zufolge haben 2007 rund 120 große internationale Luxus-Marken ihre direkte Präsenz auf dem russischen Markt bewiesen.[215] Die Dynamik des russischen Luxus-Marktes ist überragend. Die Umsätze der Luxusmarkenanbieter Brioni, Fendi und Gucci in Russland überstiegen schon kurz nach dem Markteinstieg im Jahr 2001 die realisierten Umsätze in anderen Ländern. So war die Moskauer Boutique Brioni auf dem ersten Platz beimVergleich der globalen Jahresumsätze. Die Umsätze der Dolche & Gabbana (2001) wurden nur von den Umsätzen in Mailand übertroffen. Die Fendi-Umsätze waren auf dem dritten Platz, gleich nach den Umsätzen in Rom und NY. Die Chanel-Umsätze waren die drittgrößten im globalen Vergleich. Gemessen an den geringen Handelsflächen gehörten die Umsätze zu den globalgrößten. [216]

Unter anderen präsentieren sich in Russland als selbständige Monolabel-Retailer: Chanel, Prada, Dolce & Gabbana, Giorgio Armani, Gucci (früher lagen exklusive Rechte bei Mercury Group), YSL, Kiton, Hermès und Burberry. Dem Luxusmarken-Rating der Experten IndexBoxResearch folgend ist der unbestrittene Marktführer in Russland im Jahr 2008 Dolce & Gabbana gewesen. Das Umsatzvolumen dieser Luxusmarke belief sich im Jahr 2008 in den Monolabel-Stores und Corners allein in Moskau auf ungefähr 40 Mio. Euro.[217]

---

[215] Vgl.Swiss Business Hub Russia, 2007, Russian Luxury Goods Market;Slavina
[216] Vgl. Tschurkina, O., Matasova, I. (2005)
[217] Vgl Fashioner, Analyse der Luxus-Fashion, 2009

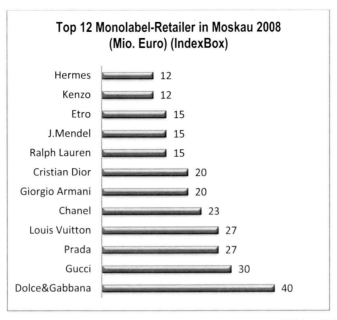

Abbildung 16, Top-Monolabel-Retailer
Quelle: Fashioner

Louis Vuitton hat global ein exklusives Vertriebsnetz und garantiert eigenhändig die hundertprozentige Kontrolle über seine Marke.[218] Zum Erfolgsrezept des LVMH-Konzerns gehört Prinzipientreue: Louis-Vuitton-Produkte gibt es nur in firmeneigenen Läden zu kaufen und nur zum vollen Preis. Seine Produkte werden über die 456 eigenen Shops und die Website verkauft.[219] Auch in Russland hat Louis Vuitton drei eigene Shops.[220] Als einer der Pioniere des russischen Luxus-Segmentes wagte Louis Vuitton schon 2002 den Luxus-Markt ohne den lokalen Partner zu betreten. Die Eröffnung der ersten Louis Vuitton Boutique in Stoleshnikov Pereulok, einer der berühmtesten Luxus-Shopping-Straßen in Moskau, im Jahr 2002 erwies sich bald als ein großer Erfolg. Im Juli 2006 machte LVMH einen weiteren wichtigen Schritt. Er kaufte Seldiko, ein russisches Unternehmen, bekannt als Kosmetika-Distributor im Segment Kosmetika-Luxus-Marken. Dies bedeutete, dass LVMH die gesamte Distribution von Kosmetika übernommen hatte, die auf direktem Wege in die Distribution von Bekleidungs-Marken einbezogen wurde.[221]

---

[218] Vgl. Salceanu M.(2011)
[219] Vgl. www.louisvuitton.de; http://raredelights.com/louis-vuitton-is-developing-slowly-but-surely/
[220] Vgl. Invest, BILANZ April (2003)
[221] Vgl. Andrejeva,A., Ivanova, O., (2005)

Da trotz Warnungen der Experten der Markteintritt von Louis Vuitton erfolgreich verlief, folgten ihm kurz darauf weitere Luxusmarken. Kurz danach ist auch Dior diesen Weg gegangen. Allerdings hat Dior am Anfang Erfahrungen bei seinem Distributor gesammelt und sich anschließend vom lokalen Partner gelöst. Heute bearbeitet er selbstständig den russischen Markt. Nicht die unwichtigste Rolle spielt hierbei, neben den besseren Möglichkeiten der Markeninszenierung, der Trend zur Vertikalisierung im Luxusmarken-Segment.

8. Aktuelle Tendenzen im Luxus-Fashion-Segment in Russland

Der russische Luxus-Konsument wird immer anspruchsvoller was Wert, Qualität und Service betrifft. Dabei wandelt sich allmählich das Kaufverhalten des russischen Luxuskonsumenten: es wird weniger geprotzt und mehr Wert auf Design und handwerkliche Arbeit gelegt. Auch Service gewinnt immer mehr an Bedeutung. So verdeutlichen sich seit einigen Jahren neue Tendenzen auf dem Luxusmarkt in Russland.

8.1 Demokratisierung der Luxus-Fashion durch hybrides Selbstbild des Konsumenten

Die Aufteilung der Luxuskonsumenten nach Kaufkraftklassen und demographischen Klassifizierungen verliert heute an Bedeutung. Dabei spielen der Lebensstil, Geschmackspräferenzen und die aktuelle gesellschaftliche Position eine immer größere Rolle.

„Die nächste russische Revolution hat begonnen! . […] Man kämpft sich frei von Leopardenkleidchen, Logoprints und pinken Pelzen - und dem Vorurteil, dass der Russe an sich an permanenter Geschmacksverirrung leidet. […] Das neue Statussymbol der Reichen und Neureichen ist nicht mehr Geld, sondern Stil. Eleganz und Dezenz sind angesagt. […] Der neue russische Jetset ist ruhiger als seine Vorgänger-Generation, weniger schrill und überaus stilsicher. 'Russland ändert sich.

Natürlich sieht man das noch manchmal auf der Straße: zu viel Mascara, zu viel Lippenstift, zu viel Schmuck. Aber es ist viel seltener geworden', sagte die Chefredakteurin der russischen "Vogue", Aliona Doletskaja, in einem Interview mit der Schweizer "Weltwoche". […] Man spricht in Russland immer öfter von einem „Anti-Glamour"[222]. Der russische Konsument hat den modischen Luxus weiterentwickelt hin zu einem ganz eigenen Stil: Zurückhaltung ist der neue Luxus der Russen.

---

[222] Vgl. Klotz, N.-A. (2009)

8.2 Verstärkung der Vertikalisierung

Den Luxusherstellern bieten die vertikalen Systeme vom Ansatz her bessere Möglichkeiten der Expansion in Russland.

Heutzutage entwickeln immer mehr Luxushersteller ihre Retail-Bereiche, um mit eigenen Filialen oder Franchise-Partnern vom bisherigen Handel unabhängig zu werden. Die Händler ihrerseits bemühen sich durch Franchise-Partnerschaften mit früheren Lieferanten eine weitere Ertragsquelle zu schaffen. Und der Luxuskonsument kann immer weniger unterscheiden zwischen Bekleidungsindustrie und Bekleidungshandel, wer Händler und wer Hersteller ist.

Verlierer der Vertikalisierung sind aus heutiger Sicht neben den kleinen und mittelgroßen Warenhäusern Läden mit Multi Store-Konzepten und nicht filialisierte Unternehmen ohne scharfes Profil.[223]

Als Gewinner treten heute vertikal aufgestellte Unternehmen auf. Sie gehen bei der Ausrichtung der Wertschöpfungskette von der Kundenperspektive aus und gestalten den Wertschöpfungsprozess auf der Grundlage eines Leistungsprofils, das auf die Lösung der Kundenprobleme fokussiert ist.[224] Insbesondere der Faktor Zeit verschafft vertikalen Systemen erhebliche Wettbewerbsvorteile.

Das Aufgreifen von Trends und deren schnelle Umsetzung in verkaufsfertige Kollektionen ist der entscheidende Vorteil dieser Organisationsform.[225]

Vertikalisierung funktioniert nur bei finanzstarken Unternehmen und braucht eventuell eine lange Durststrecke, weil die zusätzlichen Umsätze durch Kannibalisierung angestammter Absatzwege neutralisiert werden können.

---

[223] Vgl. KPMG-Bericht: Vertikalisierung im Handel (2005)
[224] Vgl. Jacobs (2004), zitiert in: Turban, M. (2009), S. 14
[225] KPMG-Bericht: Vertikalisierung im Handel (2005)

8.3 Verselbstständigung der internationalen Luxusmarkenanbieter

Der russische Luxus-Fashion Markt erholt sich nach der Krise, und die Kauflust des russischen Konsumenten kehrt allmählich zurück. Jedoch spielt das Preis-Leistungsverhältnis eine größere Rolle als früher. Die spürbar gesunkene Nachfrage setzt die vielen Luxus-Fashion-Betreiber unter Druck. Auch die Profit-Margen sind in den letzten Jahren durchschnittlich um 15% gesunken.[226]

Die Luxusmarkenanbieter haben auf diese Marktentwicklung schnell reagiert und investieren stark in den Ausbau ihrer eigenen Verkaufsgeschäfte (Vertikalisierung) unter eigener Regie und Kontrolle. Das wird auch durch den Ausbau der eigenen Flagship-Stores (so wie Louis Vuitton, Prada oder Hermès) erkennbar.

Nach Lasslop ist die „Sicherstellung der Kontrolle über das gesamte Distributionssystem (…), eine der entscheidendsten Erfolgsfaktoren für die Führung von Luxusmarken."[227] Da die wachsenden Anforderungen an Kundenbetreuung und Verkaufsunterstützung, sowie die Zersplitterung der Vertriebskanäle (Franchising, Retail, Internet) ein direktes Handeln fordert, haben sich zu Krisenzeiten viele internationale Luxus-Fashionhersteller von russischen Distributoren getrennt. Derzeit intensivieren sie die selbständigen Aktivitäten und haben eigene Gesellschaften, Showrooms und Never-out-of-Stock-Lager (NOS-Lager) etabliert.

Das wachsende Potential des russischen Marktes gewinnt immer größeres Vertrauen der westlichen Unternehmen und motiviert einige der führenden Luxusmarken, von einem Franchisevertrieb zu einem direkten Vertrieb zu wechseln. Der Wechsel zu diesem Geschäftsmodell ist aufgrund der steigenden Betriebskosten nicht nur eine Herausforderung, sondern auch die Gelegenheit, den Kundenservice, Marketing und Einkauf zu verbessern.

Auch für die Luxus-Unternehmen, die im Franchise-Betrieb geblieben sind, gibt es einen sichtbaren Fortschritt, begünstigt durch die konzerneigenen Einzelhandelsgeschäfte.

---

[226] Müller, J. (2011)
[227] Vgl. Lasslop (2005), in Burmann, C. / Maloney, P., 487 f.

Große internationale Luxusmarken wie Louis Vuitton, Chanel, Prada oder Tom Ford verfügen alle in Moskau über einen Flagship-Store unter eigener Regie. Und immer öfter liest man in der Presse, dass die russischen Retailer aus ihren riesigen Portfolios Kunden verlieren.[228]

---

[228] Vgl. Gerzymisch, 2011

9. Schlussbetrachtung

Wie die durchgeführte Analyse zeigt, ist in den letzten Jahrzehnten die ökonomische Bedeutung der Luxusgüterbranche sehr gestiegen. Auch Russland hat, nach dem deutlichen Umsatzeinbruch in der Nachkrisenzeit, an seiner Attraktivität für internationale Luxus-Fashion-Betreiber nicht verloren. Der russische Luxus-Markt ist und bleibt ein sehr lukratives, aber immer noch ziemlich kompliziertes Investitionsziel. Dem steigenden verfügbaren Einkommen, den positiven gesellschaftlichen Veränderungen, den gut ausgebildeten Arbeitskräften, sowie der Konsumfreudigkeit und Vorliebe des russischen Konsumenten, sich hochwertig und wirkungsvoll zu kleiden, stehen eine schwach ausgebaute Infrastruktur, ein Mangel an hochwertigen Handelsflächen und vielfältige bürokratische Handlungshemmnisse entgegen. Zwar hat die russische Regierung mit einem Antikorruptionsgesetz von 2010 mehrere Problemfelder in Angriff genommen, jedoch bleiben Zollabfertigung und andere bürokratische Verfahren auch heute zeitraubend und diffizil.

Da aber der russische Luxus-Markt große Potentiale aufweist, lassen sich die internationalen Luxus-Betreibernicht abschrecken. Für die kommenden Jahre ist zu erwarten, dass die prognostizierte steigende Kaufkraft und die Nachfrage nach Luxusprodukten weiterhin wachsen werden.

Unter Berücksichtigung der rasanten Veränderungen in Russland, sowohl auf makro- als auf mikroökonomischer Ebenen, kann man feststellen, dass die Zeiten von ungeordnetem Güterkonsum, mit nicht selten gefälschter Ware endgültig vorbei sind. Die Krise hat das Kaufverhalten verändert: die „Elite" bliebt dem Markt treu, ist aber wählerischer in der Auswahl der Luxusgüter geworden. Dabei hat das politisch-wirtschaftliche System bewirkt, dass eine Gruppe der kaufwilligen Konsumentenschicht, die auch als „Emerging Consumer"[229] bezeichnet wird, sich herausgebildet hat. Die russischen Luxus-Konsumenten emanzipieren sich gerade. Heute ist der russische Luxuskonsument bereit, mehr Geld auszugeben, aber er will eine hochwertige Ware und das ganze Spektrum des Services für sein Geld bekommen.

---

[233] Vgl. Credit-Suisse Studie: „Emerging Consumer Survey (2011)

Ein weiterer Trend setzt die Luxus-Branche in die Bewegung. „Demokratisierung des Luxus" macht Luxusgüter heutzutage nicht mehr nur einem elitären Kreis, sondern einer breiten Konsumentenschichten zugänglich. Darüber hinaus leisten auch der Trend zum hybriden Konsumentenverhalten und eine veränderte Funktion des Konsums Beiträge zur Erklärung der zunehmenden Bedeutung des Luxus. So kombinieren heute zunehmend Luxus-Konsumenten ihre Luxusmarken mit preiswerten Marken. So dienen die Luxusmarken in Russland zunehmend dem Ausdruck der Persönlichkeit, der Selbstverwirklichung und der Akzentuierung des Wertesystems des Konsumenten.

Die Frage nach der richtigen Retail-Strategie lässt sich nur schwer beantworten. Tatsache ist, dass in Russland die Warenhäuser das Bild in den Städten traditionell prägen, jedoch sind die Einkaufszentren und Einkaufsstraßen stark auf dem Vormarsch. Online-Shops sind zurzeit in Russland noch ziemlich unterentwickelt, dennoch wird der Dynamik dieses Kanals immer mehr Aufmerksamkeit gewidmet. Dabei ist es wichtig, das stationäre Retail und die Online-Shops wirkungsvoll miteinander zu verzahnen. So muss ein modernes Multi-Channel-System aufgebaut werden.

Den Analysten zufolge wird die weitere Entwicklung des Luxus-Retail in Russland von der wirtschaftlichen Gesamtentwicklung abhängen.

Doch schon jetzt ist sicher, dass eine tief verwurzelte Neigung zur Luxusnachfrage bei russischen Konsumenten die Entwicklung des Retail-Geschäftes im Luxus-Segment ohne Zweifel rechtfertigt und dieser Ansatz weiter und mit immer flexibleren Konzepten lohnend ausgebaut werden kann.

Quellenverzeichnis:

Selbständige Bücher und Schriften:

[Ahlert, D. (1999)] Ahlert, Dieter (Hrsg.), Informationssysteme für das Handelsmanagement:Konzepte und Nutzung in der Unternehmenspraxis, Springer, Berlin 1999

[Ahlert / Borchert (2000)] Ahlert, D.; Borchert, S. / Bruin, F. / Eierhoff, K. (2000): Prozessmanagement im vertikalen Marketing, Gabler, Wiesbaden, 2000

[Ahlert, D. / Große-Bölting, K. / Heinemann, G. (2009)] Ahlert, D. / Große-Bölting, K. / Heinemann, G. Handelsmanagement in der TextilWirtschaft, Dt. Fachverlag GmbH, Frankfurt am Main 2009

[Bieling, H. J. (2007)] Bieling, Hans–Jürgen, Internationale politische Ökonomie: Eine Einführung, Gabler, Wiesbaden 2007

[Brückner, M. (2008)] Brückner, Michael, Megamarkt Luxus, FinanzBuch Verlag GmbH, München 2008

[Büttner, M./ Huber, F. / Regier, S. / Vollhardt, K. (2008)] Büttner, Miriam / Huber, Frank / Regier, Stefanie / Vollhardt, Kai, Phänomen Luxusmarken, Identitätsstiftende Effekte und Determinanten der Markenloyalität, 2. Auflage, Gabler, Wiesbaden 2008

[Dillon, S. (2012)] Dillon, Susan, The Fundamentals of Fashion Management, Ava Academia, Lausanne 2011

[Drissen, A.M. (2006)] Drissen, Anja Meike: Luxus: Konsumentenanalyse und Managementempfehlungen, VDM, Müller, Saarbrücken 2006

[Chevailier, M./ Gutsatz, M. (2012)] Chevailier, M., Gutsatz, M., Luxury Retail Management, 1. Auflage, Wiley, John Wiley&SonsSingaporePte.Ltd 2012

[Fisher-Ruge, L. (1995)] Fisher-Ruge, Lois , Freiheit auf Russisch: Der harte Alltag im neuen Moskau, Deutsche Verlags Anstalt, Stuttgart 1995

[Hermanns A. (1991)] Hermanns, Arnold, Handbuch Mode-Marketing, Dt. Fachverlag, Frankfurt am Main 1991

[Hofstede, G. / Hofstede, G-J, 2006] Hofstede, Geert/ Hofstede Gert Jan, Lokales Denken, Globales Handeln. Interkulturelle Zusammenarbeit und globales Management, 3.Auflage, DTV-Beck Verlag, München 2006

[Haar, Alfred (2011)] Haar, Alfred, Erfolgsstrategien der Fashion-Branche: Von den Besten lernen, Dt. Fachverlag, Frankfurt am Main 2011

[Janz, M. / Swoboda, B. (2007)] Janz, Markus / Swoboda, Bernhardt, Vertikales Retail-Management in der Fashion-Branche. Konzepte Benchmarks Praxisbeispiele, Dt. Fachverlag, Frankfurt am Main 2007

[Kant, I. (1983)] Kant, Immanuel: Anthropologie in pragmatischer Hinsicht. (1983 Becker, W. (Hrsg.), Reclams Universal-Bibliothek Nr. 7541 [4], Stuttgart, §71

[Kapferer, J.-N. (2004)] Kapferer, Jean-Noel (2004): The newstrategicbrandmanagement, 3. Auflage, Kogan Page Publishers, London 2004

[Lipovetsky, G. (1994)] Gilles Lipovetsky, The Empire of Fashion: Dressing modern Democracy, ed. Catherine Porter (Princeton, NJ, 1994)

[Mahrdt, N. / Krisch, M. (2010)] Mahrdt, Niklas; Krisch, Michael, Electronic Fashion: E-Shops für Luxusmode aufbauen und profitabel managen, Gabler, Wiesbaden 2010

[Mühlmann, H., 1975] Mühlmann, H.: Luxus und Komfort: Wortgeschichte und Wortvergleich, Verlag Bonn 1975

[Okonkwo, U. (2007)] Okonkwo, Uche, Luxury Fashion Branding, Palgrave Macmillan 2007

[Schmid, S. (2004)] Schmid, Sigrid, Der russische Konsument: Lebenswelt - Konsumverhalten – Markenwahrnehmung, Owc-Verlag für Außenwirtschaft, 2004

Beiträge in Sammelwerken, Aufsätze in Zeitschriften, Zeitungen und Loseblattwerken:

[Alastair, B (2012)] Alastair, B. Multi-Channeling der Zukunft, in: Heinemann, G; Schleusener, M.; Zaharia, S. (Hrsg.): Modernes Multi-Channeling im Fashion Handel: Konzepte, Erfolgsfaktoren, Praxisbeispiele, by Dt.Fachverlag, Frankfurt am Main 2012

[Bug, P. (2011)] Bug, P. (2011), Vertikalisierung; in: Haar, A | hachmeister + partner (Hrsg.), Erfolgsstrategien der Fashion-Branche: Von den Besten lernen, Dt. Fachverlag, Frankfurt am Main, S.149

[Grubb, E / Grathwohl, H. (1967)] Grubb, E / Grathwohl, H , Consumer self-concept, S.22 ff., in: Journal of Marketing, Vol. 31, Issue 4., in: Mahrdt, N., Krisch, M. (2010): Electronic Fashion, Gabler /Springer Fachmedien, Wiesbaden 2010

[Heinemann, G. (2011)] Heinemann, G. ‚Cross-Channel-Management-Wie Multi-Channel-Systeme erfolgsorientiert auszurichten sind, in: Haar,A | hachmeister + partner (Hrsg.): Erfolgsstrategien der Fashion-Branche: Von den Besten lernen, Dt. Fachverlag, Frankfurt am Main 2011

[Janz, O. / Rohlfing, M. (2009)] Janz, O. / Rohlfing, M., DirectlyOperated Retail, in: Ahlert, D / Backhaus,C. / Blut, M. / Michaelis, M. (Hrsg.), Management internationaler Dienstleistungsmarken: Konzepte und Methoden für einen nachhaltigen Internationalisierungserfolg, Gabler, Wiesbaden, 2008

[Krings, M. 2002] Krings, M. (2002): Multi-Channel Retailing MCR – Zukunftsstrategie für den Einzelhandel, in: Stölze, W.; Gareis, K. (Hrsg.): Integrative Management- und Logistikkonzepte, Festschrift für Professor Dr. Dr. h.c. Hans-Christian Pfohl zum 60.Geburtstag, Wiesbaden 2002, S.416

[Kapferer, J.-N. (2001)] Kapferer, Jean-Noel (2001): Luxusmarken, in: Esch, F.-R. (Hrsg.): Moderne Markenführung, 3. Aufl., Wiesbaden 2001

[Lasslop, I. (2005)] Lasslop, Ingo (2005): Identitätsorientierte Führung von Luxusmarken, in: Meffert, H./Burmann, C./ Koers, M. (Hrsg.): Markenmanagement Identitätsorientierte Markenführung und praktische Umsetzung, 2. Aufl., Wiesbaden 2005

[Lasslop,(2005), in Burmann, C. / Maloney, P.] Lasslop,(2005), in Burmann, C. / Maloney, P., Absatzmittlergerichtetes Markenmanagement, Bd.3, LitVerlag, Hamburg 2006, 487 f.

[Leibenstein, H. (1950)] Leibenstein, H. (1950): Bandwagon, Snob and Veblen effects, S. 189, in Quarterly Journal of Economics, No.2, May 1950, Vol. LXIV, in: Mahrdt, N., Krisch, M. (2010): Electronic Fashion, Gabler /Springer Fachmedien, Wiesbaden 2010

[Nueno/Quelch (1997)] Nueno, Jose Luis/ Quelch, John: The Mass Marketing of Luxury, in: Business Horizons, Vol. 41, November/ Dezember 1998, S. 61-68.

[Roux, Elyette; J-M Floch (1996)] Roux, Elyette; J-M Floch (1996), "Gererl'ingerable: la contradiction interne de touteMaison de luxe", Decision Marketing, 9, sept-dec., S.15-23

Hochschulschriften

[Turban, M. (2009)] Turban, Manfred, Markenfokussierte Distributionssysteme in Non-Food-Konsumgüterbranchen: Strukturmerkmale, Typisierungsansatz und Steuerungsproblematik, Forschungsberichte des Fachbereichs Wirtschaft der Fach-Hochschule Düsseldorf (2009), Ausgabe 12

[Feinen, T.P.J, zitiert in: Turban, M. (2009)] Feinen, Thomas P.J., Factory Outlet Stores. Status Quo, Perspektiven und Implikationen für die Hersteller-Handel-Beziehung, Frankfurt a.M., zitiert in: Turban, Manfred (2009): Markenfokussierte Distributionssysteme in Non-Food-Konsumgüterbranchen: Strukturmerkmale, Typisierungsansatz und Steuerungsproblematik, Forschungsberichte des Fachbereichs Wirtschaft der Fachhochschule Düsseldorf, Ausgabe 12 (2009), S. 25

[Mikuda, C., zitiert in: Turban, M. (2009)] Mikuda, C.: Marketing spüren, Willkommen am Dritten Ort, 2.Auflage, Redline Wirtschaft, Frankfurt 2007, S. 140 ff., zitiert in: Turban, Manfred: Markenfokussierte Distributionssysteme in Non-Food-Konsumgüterbranchen: Strukturmerkmale, Typisierungsansatz und Steuerungsproblematik, Forschungsberichte des Fachbereichs Wirtschaft der Fachhochschule Düsseldorf, Ausgabe 12 (2009), S. 24 f.

[Dubois, B./Laurent, G./Czellar, S. (2001)] Dubois, B.; Laurent, G. ; Czellar, S.: Consumer rapport to luxury. Analyzing complex and ambivalent attitudes, Working paper 736, HEC, Jouyen-Josas 2001

Internetquellen:

[Rosstat (1)] Rosstat: Statistisches Föderalamt in Russland, http://www.gks.ru/wps/wcm/connect/rosstat/rosstatsite/main/ (Zugriff am 19.04.2012)

[Rosstat (2)] Rosstat: Statistisches Föderalamt in Russland, http://www.gks.ru/wps/wcm/connect/rosstat/rosstatsite/main/comparison/# (Zugriff am 29.04.2012)

[CIA-The World Factbook] CIA-The World Factbook, https://www.cia.gov/library/publications/the-world-factbook/geos/rs.html (Zugriff am 18.04.2012)

[Statista]Statista GmbH, http://de.statista.com/statistik (Zugriff am 18.04.2012)

[Ministerium für wirtschaftliche Entwicklung der Russischen Föderation] Ministerium für wirtschaftliche Entwicklung der Russischen Föderation http://www.economy.gov.ru/minec/activity/sections/macro/prognoz/indexprognoz (Zugriff am 13.04.2012)

[Albers, A. / Wichert, S. (2009)] Albers, Andreas / Wichert, Silke, Modemacht Moskau (17.01.2009), zitiert in Stern.de: http://www.stern.de/lifestyle/mode/mode-in-russland-modemacht-moskau-651782.html (Zugriff am 26.03.2012)

[BCG Group, (2011)] o.V. Luxusmarkt ist knapp eine Billion Euro schwer und wächst weiter,f BCG Group, 5.01.2011, Internet-Quelle http://www.bcg.de/media/PressReleaseDetails.aspx?id=tcm:89-72323 (Zugriff am 2.04.2012)

[Chicherova, L. (2006)] Chicherova, L., Luxury Retail, Vedomosti 114 (1641), 2006, zitiert in Vedomosti.ru: http://www.vedomosti.ru/newspaper/print/2006/06/26/108559, (Zugriff am 05.05.2012)

[Djian, E. (2008)]: Djian Eva: Haute Couture: Alles ist möglich, 09.07.2008 / 18:19, Die Presse – Schaufenster, zitiert in: http://diepresse.com/home/leben/mode/397344/Haute-Couture_Alles-ist-moeglich (Zugriff am 19.04.2012)

[Hones, B. (2011)] Hones, Bernd, Deutsche Modemacher wollen Marktanteile in Russland zurückerobern: Russlands Wirtschaft zwischen Boom und Risiken, German Fashion Modeverband Deutschland e.V, 15.03.2011 http://www.gtai.de/GTAI/Navigation/DE/Trade/maerkte,did=80036.html (Zugriff am 17.04.2012)

[Döpfer, R. (2011)] Döpfer, Reinhardt, zitiert in: Hones, Bernd, Deutsche Modemacher wollen Marktanteile in Russland zurückerobern: Russlands Wirtschaft zwischen Boom und Risiken, German Fashion Modeverband Deutschland e.V, 15.03.2011 http://www.gtai.de/GTAI/Navigation/DE/Trade/maerkte,did=80036.html (Zugriff am 17.04.2012)

[Gathmann, M. (2009)] Gathmann, Moritz: Lagerfelds Mode für Moskau: Ein Hauch zu viel, 31.05.2009, http://www.spiegel.de/panorama/leute/0,1518,627876,00.html, (Zugriff am 19.04.2012)

[Gerzymisch, M. 42 / 2010] Gerzymisch, Manfred, (21.10.2010), Größtes FOC Russlands in Planung, TextilWirtschaft Ausgabe 42/ 2010, S 34 (Zugriff am 19.04.2012)

[Gerzymisch, 2011] Gerzymisch, M., Moskauer TSUM bekommt Ableger in der Provinz, 11.04.2011, TextilWirtschaft, http://www.textilwirtschaft.de/business/Moskauer-Tsum-bekommt-Ableger-in-der-Provinz_69680.html?a=1, (Zugriff: am 19.04.2012.)

[Gerzymisch, 2008] Gerzymisch, M., Mercury Group, 14.10.2008 , 14.10.2008, TextilWirtschaft, http://www.textilwirtschaft.de/business/Mercury-Group_52030.html, (Zugriff am 19.04.2012)

[Gerzymisch, M. 33 / 2009] Gerzymisch, Manfred, Moskau bekommt Fashion-Outlet-Center, TextilWirtschaft, Ausgabe 33 / 2009, auch online:

www.textilwirtschaft.de/business/Moskau-bekommt-Fashion-Outlet-Center-_66168.html?a=1, (Zugriff: am 10.05.2012)

[Höller, K. (2008)] Höller, Katharina: Rückkehr einer Totgesagten (27.01.2008, 11:13), http://www.sueddeutsche.de/leben/haute-couture-rueckkehr-einer-totgesagten-1.261731 (Zugriff am (14.04.2012)

[Klotz, N.-A. (2009)] Klotz, Nina-Anika, Die Russen kommen: Die nächste russische Revolution hat begonnen (09.07.2009), zitiert in Gala.de: http://www.gala.de/lifestyle/trend/66415/High-Society-Die-Russen-kommen.html?p=3 (Zugriff am 23.03.2012)

[Kunstmann-Seik, L. (21.11.2011)] Kunstmann-Seik, Leila, Der internationale Luxusgütermarkt wird 2011 um 10 Prozent wachsen, 21.11.2011, 09:20, zitiert nach na•Presseportal: http://www.presseportal.de/pm/19104/2151333/der-internationale-luxusguetermarkt-wird-2011-um-10-%-wachsen (Zugriff am 23.03.2012)

[Müller, J. (2011)] Müller, J. Der Rubel rollt wieder (15.09.2011), TextilWirtschaft 37, S.20 – 24, auch online: http://www.textilwirtschaft.de/suche/show.php?ids[]=835889&a=0 (Zugriff am 18.03.2012)

[Nikolaev, S. (2010)] Nikolaev, Sergej, Krise des Glamours (Original: Гламурныйкризис) 14.03.2010, zitiert in Pravda.RU: http://www.pravda.ru/economics/market/14-03-2010/1022406-news-0/ (Zugriff am 07.03.2012)

[Petcu, O. (24.02.2012)]Petcu, Oliver, 24. 02. 2012, Russia's luxury market remains solid but new challenges arise http://www.cpp-luxury.com/en/russia-s-luxury-market-remains-solid-but-new-challenges-arise_2133.html, (Zugriff am 19.04.2012)

[Salceanu M.(2011)] SalceanuMadalina, 11 Jun 2011, Louis Vuitton Fall/Winter 2011-2012 Campaign, http://raredelights.com/louis-vuitton-is-developing-slowly-but-surely/ (Zugriff am 19.04.2012)

[Schulze, G. (2011)] Schulze, Gerrit, In Moskau wird der Platz für neue Einkaufszentren knapp: Immobilienentwickler für Handels- und Lagerflächen drängen ins Umland, 14.02.2011, Internet-quelle: http://www.gtai.de/GTAI/Navigation/DE/Trade/maerkte,did=74702.html, Zugriff: am 1.05.2012

[Tschurkina, O. / Matasova, I. (2005)] Tschurkina, O., Matasova, I., Luxus-Fashion-Segment: die Besonderheiten der Retail-Format, Modezeitschrift («Модный Магазин»), 25.05.2005, zitiert in:

http://www.symbolgroup.ru/smipublication.php?page=2&full=block_newsblock18&PHPSESSID=505546ee61a966ee88295ae58337b8df (Zugriff am 20.05.2012)

[Visser, C. (15.06.2011)] Visser, C. (15.06.2011), Finanzkrise: Luxus ist wieder angesagt, Internet-Quelle: http://www.tagesspiegel.de/wirtschaft/finanzkrise-luxus-ist-wieder-angesagt/4289720.html (Zugriff am 28.03.2012)

Studien, Berichte, Präsentationen

[Andrejeva, A., Ivanova, O., (2005)] Andrejeva, Aljona / Ivanova, Olga, (2005), Das russische Fashion-Retail und globale Designer-Brands: Schwierigkeiten der Marketingadaptation., Brand Management # 4 (23), Internet-Quelle: http://grebennikon.ru/ (Zugriff: am 20.04.2012)

[Bain & Company-Studie, Luxury Goods Worldwide Market Study (2011)] Bain & Company, 2011: Luxury Goods Worldwide Market Study, 10th Edition, October 2011, sowie: http://www.bain.de/Images/Bainbrief_Luxury_Goods_Study_10thEdition.pdf, (Zugriff: am 22.04.2012)

[Bellaiche, J.-M. / Mei-Pochtler,A. / Hanisch, D.: The New World of Luxury, (2010)] Bellaiche, Jean-Marc / Mei-Pochtler, Antonella / Hanisch, Dorit, The New World of Luxury, Caught Between Growing Momentum and Lasting Change (2010) Boston Consulting Group, Internet-Quelle: http://www.bcg.at/documents/file67444.pdf, (Zugriff am 20.03.2012).

[Credit-Suisse Studie: „Emerging Consumer Survey 2011"] Credit Suisse-Studie: „Emerging Consumer Survey 2011", https://www.credit-suisse.com/news/doc/media_releases/consumer_survey_0701_small.pdf (Zugriff: am 18.04.2012)

[Jones Lang LaSalle, Russian Real Estate, Investment Market, 2011] Jones Lang LaSalle, Russian Real Estate, Investment Market, 2011
http://www.wermutham.com/fileadmin/user_upload/WAM_Investor_Day_September_2011/1430-1515_1_JLLPresentation_N._Tischendorf.pdf (Zugriff am 22.05.2012)

[Jones Lang LaSalle, Russian Retail Market Overview, 2009] Jones Lang LaSalle, http://www.joinricsineurope.eu/uploads/files/RussiaRetailMarketExpressQ22009ENG.pdf

[Grail Research, The Global Fashion Industry – Growth in Emerging Markets (2009)] Grail Research, The Global Fashion Industry – Growth in Emerging Markets, September 2009, Online:
http://www.grailresearch.com/pdf/ContenPodsPdf/Global_Fashion_Industry_Growth_in_Emerging_Markets.pdf (Zugriff: am 12.04.2012)

[GVA Saweyr , 2009] Retail and entertainment, Real estate Market (2th, 2009), GVA Saweyr http://www.gvasawyer.com/ImgResearch/2009_07.pdf

[Kapferer, J.-N.(2010)] Kapferer, Jean-Noel (2010): The Luxury Strategy, Break the rules of marketing to build luxury brands, Präsentation-Online: http://www.brand-management.usi.ch/Keynotes/kapferer-Luxury.pdf (Zugriff am 12.04.2012)

[Roth, A. (2010)] Roth, A., Luxury branding, Whitepaper v 1.0 (2010), in: gyselroth: http://www.gyselroth.com/whitepapers/download/whitepaper_luxury_branding.pdf (Zugriff am 26.04.2012)

[Slesareva, J. (2009)] Slesareva,Julija, (2009), Expert Data Analyst IndexBox, Internetquelle: http://indexbox.ru

[Starkow, S., (2008)] Starkow, S., Quans Marketing Research, (2008), zitiert in: http://www.quans.ru/portfolio/ownprojects/million/, (Zugriff am 02.05.2012)

[Swiss Business Hub Russia, 2007, Russian Luxury Goods Market] Slavina, E, Studie: Report Russia 2007, Russian Luxury Goods Market,Swiss Business Hub Russia, 2007, www.osec.ch/sbhrussia,(Zugriff am 12.05.2012)

[Samofalowa, O. (2008)] Olga Samofalowa; Olga, Sochi wirdzueinemedlen Boutique: Den Mercury und Bosko Di Cilliegifolgend, baut das Modehaus Louis Vuitton in Sochi auf, 04.12.2007, erneuert 19.02.2008, 2:28 (Origin: „Сочипревращаетсявдорогойбутик: Вследза Mercury и Bosco di Ciliegi вСочипоявитсямодныйдом Louis Vuitton", Online: http://www.rb.ru/topstory/ business/2007/12/04/122654.html (Zugriff am 02.05.2012)

[Fashioner, Analyse der Luxus-Fashion, 2009] Fashioner, Analyse: Der russische Markt der hochwertigen Luxus-Bekleidung und Accessoires, 2009, Der analytische Bericht (Original: Российскийрынок luxury одеждыиаксессуаров, 2009», 2009: Online-Quelle, http://store.fashioner.ru/files/fashioner_luxury_report2009.pdf (Zugriff am 02.04.2012)

[Keitz, A. (2010), S. 4-6] Keitz, Andreas: Auslandsstrategie | Das Blickfeld erweitern, 2010, http://www.kpmg.de/docs/kpmg_ausland_copyright_291110.pdf, S. 4-6

[Rüssli, S. / Stucky, N. (2008)] Rüssli, Stefan / Stucky, Nik (2008): Die wertvollsten Luxusmarken, Luxus Markenranking, 106 BILANZ/ 18/ 2008

[KPMG-Bericht: Vertikalisierung im Handel (2005)] KPMG-Bericht: Vertikalisierung im Handel. Auswirkungen auf die zukünftige Absatzwegestruktur, Berlin (2005)

[KPMG-Bericht: Auslandsstrategien im Wandel (2010)] KPMG-Bericht: Auslandsstrategien im Wandel, High Growth Markets, Berlin (2010) (Zugriff: am 10.04.2012)

[Integrum, Informations-analytischer Bericht N 293 (2009)] Integrum, Informations-analytischer Bericht N 293 vom 27.09.2009, http://www.integrum.ru (Zugriff: am 01.04.2012)

[Jacenko, N., Luxus hält durch (2009)] Jacenko, Natali, Luxus hält durch, „Experte Süden" Nr. 30 -31 (S.69-70), 30.09.2009 («ЭкспертЮг» №30-31 (69-70), http://www.indexbox.ru/research/publications/?publication_id=28 (Zugriff am 02.04.2012)

[Sukharevsky, A. / Magnus K.-H. (2011)] Sukharevsky, A. / Magnus K.-H.: Dress for success: Cracking Russia's apparel market (2011), Mc Kinsey & Company, http://csi.mckinsey.com/Knowledge_by_region/Europe_Africa_Middle_East/Cracking_Russian_apparel_market (Zugriff am 22.04.2012)

[Schenk, C., KPMG (2012)] Schenk, Cristoph, KPMG: WTO-Beitritt Russlands, http://www.kpmg.de/27999.htm (Zugriff: 13.04.2012)

[Schenk, C., KPMG (2011)], Schenk, Christoph, 2011 KPMG-Bericht: Russland - große Potentiale in der Konsumgüterbranche, 2011, http://www.kpmg.de/search.asp (Zugriff: 16.03.2012)

[Schmidt, U. (2010)] Schmidt, Ulrich (2010): Alltagskultur und Lebensstil, in: Heiko Pleines / Hans-Henning Schröder (Hrsg.) Länderbericht Russland, Bundeszentrale für politische Bildung, Bonn, 2010 (Zugriff: 26.03.2012)

[Quans Research (2008)] Quans Research - Studie: Worauf und warum wenden wir unser Geld auf, 06.2008, http://www.quans.ru/portfolio/ownprojects/million/Luxury.ppt

Internetquellen ohne Verfasser

[o.V. BRIC-Staaten wollen klare Spielregeln (2010), Handelsblatt Online-Archiv] o.V., BRIC-Staaten wollen klare Spielregeln (15.04.2010), zitiert nach Handelsblatt Online http://www.genios-presse.de/artikel,HB,20100415,bric-staaten-wollen-klare-spielrege,041015205.html (Zugriff 12.04.2012)

[o.V. Markt für Luxusgüter wächst weltweit, (2011)] o.V., Markt für Luxusgüter wächst weltweit (03.01.2011, 14:57), zitiert nach Wirtschaftsblatt Online http://www.wirtschaftsblatt.at/home/international/unternehmen/markt-fuer-luxusgueter-waechst-weltweit-453545/index.do (Zugriff am 03.03.2012) o.V. zitiert nach Agentur Interkontakt: http://www.agentur-intercontact.de/Moda.htm (am 16.04.2012)

[o.V. Welt online: Luxus wird zum Ladenhüter (30.06.2009)] o.V. Welt online: Luxus wird zum Ladenhüter von 30.06.2009: http://www.welt.de/die-welt/article4026825/Luxus-wird-zum-Ladenhueter.html, (Zugriff am 10.04.2012)

[o.V. Intermoda: „KOVA & T" (2010)] o.V. Intermoda: „KOVA & T от Дарьи Жуковой и Кристины Танг" von 09.06.2010, http://www.intermoda.ru/cit/kova-t-ot-dari-zhukovoj-i-kristiny-tang.html, (Zugriff am 16.04.2012)

[o.V. Russland: Krise im früheren Eldorado der deutschen Bekleidungsexporteure (2009)] o.V. Russland: Krise im früheren Eldorado der deutschen Bekleidungsexporteure (2009), GermanFashion Modeverband Deutschland e.V., Online-Quelle: http://www.germanfashion.net/pressemitteilungen/pdf/PM_090930_GermanFashion_Exposee_Russland.pdf, (Zugriff am 25.05.2012)

[o.V. Russian Luxury Forum, Millionaire Fair 2006] http://www.gazeta.ru/2005/09/28/oa_172319.shtml, (Zugriff am 21.05.2012)

[o.V. Invest, BILANZ April 2003] o.V. Invest, BILANZ April 2003 (26.03.2003), http://www.bilanz.ch/invest/louis-vuitton-magie-einer-marke

[o.V. Milliardäre unter sich] o.V. Milliardäre unter sich Fünf Österreicher schafften heuer den Sprung auf Forbes-Liste, zitiert in: http://www.news.at/articles/1110/30/291189/milliardaere-fuenf-oesterreicher-sprung-forbes-liste (Zugriff am 28.05.2012)

Russische "Big-Five" Retailer

	Mercury Group	Bosco di Ciliegi	JamilCo	Crocus Group	Podium Fashion Group
Gründungsjahr	1993	1991	1992	1991	1994
Webseite	http://mercury.ru/	www.bosco.ru	-	www.crocus-city.ru/group	www.podiumfashion.ru
Inhaber	Leonid Strunin, Leonid Friedland	Kusnerovich, M. Balakin, E. Vlasov, M. Evtejew, S.	Khaled Jamil	Aras Agalarov	Kiryushkin Edward Kutsenko
CEO	Verber, A.	Andrikopulos, K.	Balashova, K..	Agalarov, E.	k.A.
Mitarbeiter	über 1.000	ca.1.500	Ca. 700	Über 4.000	k.A.
Marktanteil (2007)[230] (Schätzung)	35%	29%	16%	14%	6%
Umsatz	2003: $ 300 Mio. 2009: 1,37 Mrd. €	2007: $ 450.Mio. 2011: $ 15 Mrd.	2007: $ 450.Mio. 2010: $ 1,6 Mrd.	2007: $ 688 Mio. 2009: $ 780 Mio	k.A.
Marken (eine Auswahl)	exclusiv: Dolce & Gabbana Prada Armani Fendi TOD's Ermenegildo Zegna Tiffany Co Gucci Brioni Jil Sander Fendi Bvlgari u.a. Seit 2003 verkauft Mercury auch Luxus-Autos, wie Ferrari, Maserati, Bentley Lamborghini	exclusiv: Givenchy Moschino Marina Rinaldi Max Mara Nina Ricci Kenzo Mandarina Duck Pomellato Max & Co Etro Kenzo Alberta Ferretti- Ermanno Scervino u.a Multi-Label-Shops "Bosco di Ciliegi" Bosco Donna, Bosco Uomo, Bosco Bambino	exclusiv: DKNY Burberry Dormueil J. M. Weston Salvatore Ferragamo Sonia Rykiel Escada Dior, Chanel, Hermes u.a. Multi-Label: James St. James.	exclusiv: Sergio Rossi, Emanuel Ungaro, Iceberg, Pal Zileri, Lanvin, Vicini, Byblos, JLo, Calvin Klein, Chloe, Cerruti, Celine, Casadei, Trussar- di, Emilio Pucci u.a.	keine exclusive Verträge Fendi Givenchy Maison Martin Margiela Pamela Love Ralph Lauren Victoria Beckham Wildfox u.a.
Immobilien (Kontroll- beteiligung)	(unter anderem): TSUM-Warenhaus 60.000 qm Barviha Luxury Village (www.blv.ru) Projekt (2014) Sochi Luxury Village (8 ha) (Schätzung: $ 60 Mio)	(unter anderem): seit 1994: GUM-Warenhaus 80.000 qm (Miete bis 2059)	120 eigene Läden in Moskau, St. Petersburg und anderen Städten	in Verwaltung der Crocus Group - ca. 1 Mio. qm – Immobilienobjekte; Crocus City Mall -Einkaufszentrum 60.000 qm weitere Projekte. Crocus Bank Einkaufszentrum Crocus City, Messegelände Crocus Expo	PODIUM; PODIUM Concept Store; PODIUM Vintage; 2012: Eröffnung eines neuen Kaufhauses "Podium Market" (7000 qm) im Hotel "Moskau"

---

[230] Vgl. IndexBox Analyse & Marketing Research: Der russische Luxury-Fashion Markt, Krise 2009; vgl. Tschurkina, O. / Matasova, I. (2005)]; vgl. Euromonitor International; vgl. Internet-Quelle: www.gorn.ru/archive/2008/8/article8722.html; http://www.vedomosti.ru/companies/a-z/4036/Crocus%20Group; vgl. www.bosco.ru; vgl.http://mercury.ru/; vgl.www.crocus-city.ru/group; vgl.www.podiumfashion.ru; vgl. www.blv.ru